Um Jeito de ser Feliz

Um Jeito de ser Feliz

RICHARD SIMONETTI

Dados Internacionais de Catalogação na Publicação (CIP)
(Câmara Brasileira do Livro, SP, Brasil)

S598j

Simonetti, Richard, 1935 -
Um jeito de ser feliz /
Richard Simonetti, - Bauru, SP : CEAC, 1990
176p. ; 14x21

ISBN 978-85-86359-11-8

1. Espiritismo - I. Centro Espírita
Amor e Caridade. II Título.

CDD-13.9

Coordenação Editorial
Renato Leandro de Oliveira

Revisão de Língua Portuguesa
Edson de Oliveira

Projeto Gráfico - capa - diagramação
Equipe Editora CEAC

Imagem da capa
Shutterstock / Evgeny Atamanenko

16ª edição – Fevereiro de 2023
500 exemplares
35.101 a 35.600

Copyright 1990 by
Centro Espírita Amor e Caridade
Bauru SP

Edição e Distribuição

Rua Sete de Setembro, 8-30
Fone: (14) 3227 0618
CEP 17015-031 – Bauru SP
www.editoraceac.com.br
www.radioceac.com.br
www.tvceac.com.br
www.ceac.org.br

AGRADECIMENTO

Esta reedição se tornou possível graças a um gesto de
desprendimento e amor à Doutrina Espírita
de Yvone Capella!
Registramos aqui nossa imensa gratidão!

Sumário

O melhor jeito 15

As Medidas da Felicidade 17

A Sociedade somos Nós 25

A Omissão dos Bons 35

Os Contatos com o Céu 43

A Tendência Predominante 51

Unidos pelo Coração 59

A Ingratidão e o Amor 67

Salvação Matrimonial 73

A Forma Amassada 83

Materialismo Periclitante 91

Os Cuidados de Deus 101

As Dores do Inferno 107

As Alegrias do Céu 113

O Rosto é dos Outros 125

O Único Pecado 133

O Despertar da Consciência 139

O Purgatório Terrestre 147

Juízos 153

Seria fazer uma ideia bem falsa do Espiritismo acreditar que a sua força decorre da prática das manifestações materiais e que, portanto, entravando-se essas manifestações se pode minar-lhe as bases. Sua força está na sua filosofia, no apelo que faz à razão e ao bom senso. Na Antiguidade, ele era objeto de estudos misteriosos, cuidadosamente ocultos do vulgo. Hoje, não tem segredos para ninguém: fala uma linguagem clara, sem ambiguidades; nada há nele de místico, nada de alegorias suscetíveis de falsas interpretações. Ele quer ser compreendido por todos porque chegaram os tempos de fazer com que os homens conheçam a verdade. Longe de opor-se à difusão da luz, ele a deseja para todos; não reclama uma crença cega, mas quer que se saiba por que se crê, e como se apóia na razão será sempre mais forte do que as doutrinas que se apóiam sobre o nada.

Allan Kardec, em *O Livro dos Espíritos*

O MELHOR JEITO

Na quarta parte de *O Livro dos Espíritos*, denominada "Esperanças e Consolações", que trata das penas e gozos da Terra e do Céu, Allan Kardec formula questões aos Espíritos, ensejando respostas que sintetizam tratados de sociologia, com raciocínios inesquecíveis e indispensáveis, quando se pretenda definir as bases da felicidade.

Os princípios ali expostos, envolvendo o comportamento humano, serão progressivamente assimilados no próximo milênio por uma Humanidade mais consciente da presença de Deus no Universo.

Compreender-se-á, então, que é impossível deter a felicidade em plenitude sem a plena observância dos desígnios divinos, sintetizados no Evangelho e desdobrados ao nível da cultura atual pela Doutrina Espírita.

Quem os estuda aprende a *conviver com as dores da Terra, cultivando as propostas do Céu* – o jeito certo de viver feliz.

Nada pretendemos, em nossos singelos comentários em torno daquelas questões, senão oferecer aos leitores que se interessam pelo tema *felicidade*, alguns subsídios para sua apreciação, e aos companheiros espíritas o ensejo de meditarem sobre a extensão de nossas responsabilidades nestes tempos de grandes e decisivas transições.

Bauru, julho de 1990.

AS MEDIDAS DA FELICIDADE

A felicidade terrestre é relativa à posição de cada um. O que basta para a felicidade de um, constitui a desgraça de outro. Haverá, contudo, alguma soma de felicidade comum a todos os homens?

Com relação à vida material, é a posse do necessário. Com relação à vida moral, a consciência tranquila e a fé no futuro.

Questão n°. 922

Vivemos num mundo de relatividade, condicionados pelo ambiente em que nos situamos, o que determina que cada indivíduo tenha suas próprias ideias quanto ao mínimo necessário à felicidade.

Um executivo com rendimento mensal de duzentos salários mínimos, aplicados inteiramente em favor de seus caprichos e diversões, conforto e bem-estar, sentir-se-á o mais infeliz dos mortais se reduzido à décima parte desse valor. Já o operário de salário-mínimo sentir-se-á no paraíso se receber dez vezes mais – uma fortuna para ele.

Portanto, sem recorrer a cifras, podemos considerar que o mínimo necessário à felicidade, *sob o ponto de vista material*, é desfrutar do essencial à existência, relacionado com alimentação, habitação, educação e saúde.

Aqui deparamos com o primeiro entrave à felicidade na Terra, porquanto populações imensas sofrem perturbadora carência desses recursos.

Se não nos enquadramos nessa população sofredora não há porque nos sentirmos infelizes, a não ser que cultivemos vaidades e ambições. Há muita gente angustiada e até desajustada porque não pode ter o palacete de seus sonhos, "aquele" automóvel, o incrementado aparelho de som, o sofisticado guarda-roupa ou porque não pode realizar a desejada viagem. Muita gente que viveria bem melhor se cuidasse de assuntos mais importantes.

* * *

Seremos felizes, materialmente, se nos contentarmos com o *necessário para viver*, superando as pressões da sociedade de consumo que, com seu incrível agente – a propaganda – induz-nos a desejar o supérfluo e a consumir até mesmo o que é nocivo, como o fumo e as bebidas alcoólicas.

A esse propósito vale lembrar Diógenes, famoso filósofo grego, que demonstrava um absoluto desprezo pelas convenções sociais e pelos bens materiais, em obediência plena às leis da Natureza.

Proclamava que para ser feliz o homem deve libertar-se do supérfluo, limitando-se ao essencial: andava descalço, vestia uma única túnica que possuía e dormia num tonel, que se tornou famoso em toda a Grécia.

Certa feita viu um garoto tomando água num riacho, a usar o côncavo das mãos.

— Aí está – exultou o filósofo –, esse menino acaba de ensinar-me que ainda tenho objetos desnecessários.

Ato contínuo, dispensou a caneca que usava, passando a utilizar-se das mãos.

Alexandre, o grande, senhor todo poderoso de seu tempo, curioso por conhecer aquele homem singular e desejando testar seu famoso desprendimento, aproximou-se dele em fria manhã de inverno, quando Diógenes se aquecia ao sol.

Conversaram durante algum tempo. Então, Alexandre se propôs a atender a qualquer pedido seu. Que escolhesse o bem mais precioso, que enunciasse o capricho mais sofisticado e seria prontamente atendido.

Diógenes contemplou por alguns momentos o homem mais poderoso da Terra, senhor de vasto império. Depois, esboçando um sorriso, disse-lhe:

— Quero apenas que não me tires o que não me podes dar. Estás diante do sol que me aquece. Afasta-te, pois...

Evidentemente não podemos levar Diógenes ao pé da letra, mesmo porque estamos longe do desprendimento total. Ele representa um exemplo de como podemos simplificar a existência, despindo-nos de condicionamentos e modismos, superando o artificial e o supérfluo, para que, efetivamente, sob o ponto de vista material, não haja impedimentos à nossa felicidade.

* * *

Se nos contentarmos com o necessário teremos condições para tratar de assuntos mais importantes, como a *felicidade em plenitude*, que é uma edificação interior, uma espécie de conquista moral.

Seremos felizes em nosso universo interior se tivermos "a consciência tranquila e a fé no futuro".

Aqui o assunto começa a ficar complicado...

Será que temos feito o que é absolutamente certo, justo, verdadeiro? Temos respeitado integralmente o semelhante? Temos contido nossos impulsos inferiores?

Temos trabalhado pela paz, onde estamos? Temos contribuído para a harmonia no lar?

Tudo isso e muito mais é necessário para que tenhamos tranquilidade de consciência.

Raros se furtam a dias aflitivos de angústia, em que sentem um imenso vazio em suas almas, mente torturada por ideias infelizes.

Uma análise retrospectiva dirá que esse estado depressivo se originou de uma má palavra, de um comportamento vicioso e irresponsável, de uma atitude agressiva, de um gesto impensado — tudo isso passível de ferir nossa consciência, precipitando-nos no desajuste.

* * *

Consideremos o mais importante:

Se há milhões de pessoas que não dispõem do mínimo necessário à existência, *muitas delas residentes em nossa cidade*, podemos proclamar que temos a consciência em paz sem estar tentando algo em seu benefício?

Afinal, admitindo que Deus é nosso pai, *somos todos irmãos!* E o mais elementar dever de fraternidade impõe que o irmão melhor situado ampare o irmão em penúria.

Que diríamos de alguém que edificasse confortável residência num oásis, em pleno deserto, cercando-a de altos muros e se negando sistematicamente a socorrer os viajores cansados e sedentos que passam lá fora?

É exatamente isso que fazem os homens em sua maioria: preocupam-se com o oásis. Esquecem-se de seus irmãos...

Não nos iludamos. O Espiritismo é suficientemente claro ao demonstrar que a angústia existencial que aflige muita gente, que tem tudo para ser feliz, sustenta-se na criminosa indiferença, na deliberada surdez aos apelos da própria consciência, que pergunta, insistente:

O que está você fazendo em benefício de seus irmãos?

* * *

Quando o soviético Yuri Gagarin, o primeiro astronauta, foi lançado no espaço, em 1961, informou que a Terra é azul, numa tonalidade belíssima, formada pela incidência dos raios solares em nossa atmosfera.

Se Gagarin tivesse sensibilidade mediúnica e observasse a atmosfera psíquica ficaria horrorizado, porquanto, segundo informações da Espiritualidade, nosso planeta é envolvido por fluidos densos e escuros, formados pelas vibrações mentais de bilhões de Espíritos encarnados e desencarnados, em situação de extrema penúria moral e espiritual.

Nas Altas Esferas, entidades sublimadas se referem à Terra como a região das "Faixas Negras". [1]

É preciso melhorar a atmosfera psíquica da Terra, até mesmo para que espiritualmente possamos "respirar" melhor.

Podemos fazê-lo atendendo aos sofredores de todos os matizes, engrossando as fileiras dos religiosos autênticos, que dedicam ao semelhante algumas horas de seus dias, em todos os anos de suas vidas.

Estes podem ter "fé no futuro", segundo fator de felicidade moral, porque estão trabalhando por ele, com o mais legítimo de todos os recursos: a prática do Bem.

---

1   Livro *Renúncia*, de Emmanuel, psicografia de Francisco Cândido Xavier, editado pela Federação Espírita Brasileira, p. 32.

A SOCIEDADE SOMOS NÓS

É evidente que, se não fossem os preconceitos sociais, pelos quais se deixa o homem dominar, ele sempre acharia um trabalho qualquer, que lhe proporcionasse meio de viver, embora se deslocando da sua posição. Mas, entre os que não têm preconceitos ou os põem de lado, não há pessoas que se veem na impossibilidade de prover às suas necessidades, em consequência de moléstias ou outras causas independentes da vontade delas?

Numa sociedade organizada segundo a lei do Cristo, ninguém deve morrer de fome.

Questão n° 930

Há indivíduos indolentes e indisciplinados que vivem em situação difícil por sua própria culpa. Mas há, também, os que experimentam amargas privações decorrentes de circunstâncias alheias à sua vontade:

O doente sem recursos...

O velho sem abrigo...

A criança abandonada...

O operário desempregado...

Imagina-se que providências a respeito do assunto são de alçada exclusiva do Governo, chamado ao atendimento da população carente e à erradicação da miséria.

No entanto, a sociedade somos nós, cidadãos que a compomos.

O Governo é apenas uma representação. Não podemos, portanto, debitar-lhe inteiramente a solução desse problema, mesmo porque a cristianização da sociedade não depende de iniciativas dos poderes constituídos. Fraternidade, solidariedade, misericórdia, caridade, compaixão, não são passíveis de imposição por decretos.

A própria subordinação de movimentos religiosos ao Estado sempre conduz a perigosos desvios. Exemplo típico temos no famoso Édito de Milão, no século IV, em que Constantino iniciou o processo que transformaria o Cristianismo em religião oficial do Império Romano.

Nem por isso, se instalou uma sociedade cristã. Ao contrário o artificialismo, a hipocrisia, as exterioridades, males insistentemente combatidos por Jesus, tomaram de assalto o culto cristão, atrelado ao carro do poder temporal e sujeito, em decorrência, às influências daqueles que disputavam as glórias humanas.

* * *

Consideremos, ainda, que o Governo não é onisciente, onipresente, onipotente. Ele não sabe tudo, não vê tudo, não pode tudo. Mas a sociedade, como um todo, formada pelos cidadãos que a compõem, pode exercitar essas faculdades, à medida que, diante das misérias humanas, sempre haverá alguém capaz de fazer algo, ao passo que a interferência de prepostos governamentais vai depender de os encontrarmos, de estarem dispostos a fazê-lo e desfrutarem de disponibilidades para tanto.

No livro *Atravessando a Rua*, comentamos a experiência de um homem que encontrou um doente ao desabrigo, em noite muito fria, e suas tentativas para conduzi-lo ao Albergue, a esbarrarem na falta de uma viatura da própria instituição e de órgãos policiais e hospitalares. Reclamando pela falta de colaboração, deu o assunto por encerrado. No dia seguinte, o doente foi encontrado sem vida. Morreu de frio.

De quem foi a culpa?

Do Governo, sem dúvida. O albergue, o hospital, a polícia, que direta ou indiretamente o representam, falharam à medida que não se adequaram ao desempenho de suas funções.

Mas há um cúmplice, talvez com responsabilidade maior: o samaritano vacilante que, naquele exato momento em que topou o doente, era o melhor representante da sociedade para socorrê-lo. Bastava usar seu automóvel ou providenciar um táxi, já que uma vida humana vale bem mais que embaraços ou despesas decorrentes de semelhante iniciativa.

O recalcitrante socorrista, bem como dezenas de pessoas que passaram por ali, viram o problema e preferiram ignorá-lo, comportaram-se como membros de uma sociedade que se diz cristã, mas está longe de viver os ensinamentos do Cristo. Quando isto ocorrer, num futuro distante, não precisaremos mais de albergues. Todo desabrigado terá um lar disposto a acolhê-lo.

Evidentemente não se improvisa o cristão. Ainda assim, não estamos impedidos de ensaiar fraternidade. Se ainda não conseguimos abrir a porta de nossa casa ao necessitado, abramos-lhe as portas da boa-vontade, dispostos a fazer algo em seu benefício, sem debitar a iniciativa ao Governo, porquanto, diante dos infortúnios humanos, naquele exato momento em que os contemplamos, somos os representantes melhor credenciados da sociedade para ajudar. *Estamos ali.*

* * *

Há outro aspecto importante:

O Governo representa não apenas a sociedade, mas também suas tendências. Ele se vincula à história da nação, suas características, sua maneira de ser. A Alemanha de Adolfo Hitler foi a materialização da belicosidade e das pretensões de hegemonia racial de boa parte do povo alemão.

Seria, portanto, inocência, pretender que o indivíduo alçado ao poder se transforme, por obra e graça do Espírito Santo, num campeão do Evangelho, apóstolo do Bem, empolgado pela promoção humana, trabalhando de sol a sol com disciplina, prudência, bom-senso, honestidade e, sobretudo, amor pelo semelhante.

Poderá surgir, de quando em vez, um sábio ou um santo na direção de um povo, mas ele próprio terá de lutar contra terríveis limitações e dificuldades, porquanto será um elemento estranho numa coletividade alheia aos seus ideais.

* * *

A sociedade legitimamente cristã deve ser construída de baixo para cima. Quando a maioria da população for cristianizada, teremos governos capazes de vivenciar plenamente os ensinamentos de Jesus.

Não há fórmulas mágicas para isso. É apenas uma questão de trabalho, muito trabalho no esforço do Bem.

Diz o Espírito Humberto de Campos, em psicografia de Francisco Cândido Xavier:

"As missões legitimamente salvacionistas vêm à Terra vestidas de macacão."

O verdadeiro missionário é aquele que serve sempre, com inabalável disposição, empenhando a própria existência no esforço em favor do semelhante.

Isso explica por que o espírita consciente fatalmente se vincula a obras de assistência e promoção humanas – creches, berçários, escolas, abrigos, lares da infância e da velhice, hospitais – formando uma mentalidade de participação e de iniciativas em favor dos carentes de todos os matizes. *Ele sabe que não há outro caminho.*

* * *

Kardec comenta:

Com uma organização social criteriosa e previdente, ao homem só por culpa sua, pode faltar o necessário. Porém, suas próprias faltas são frequentemente resultado do meio onde se acha colocado. Quando praticar a lei de Deus, terá uma ordem social fundada na justiça e na solidariedade e ele próprio também será melhor.

Muitos delinquentes são formados na dura escola da miséria, da necessidade mais premente, como opção de sobrevivência, por falta de uma orientação adequada, de um amparo efetivo.

Nas grandes cidades brasileiras, particularmente Rio de Janeiro e São Paulo, há multidões de menores abandonados a perambular pelas ruas. Até os 10 anos pedem esmolas. Depois, as meninas se prostituem, os meninos se transformam em trombadinhas, convertendo essas metrópoles em autênticas selvas, cheias de perigos e tentações. Ninguém desfruta de tranquilidade em suas ruas.

Poderá o Governo resolver essa grave situação?

Talvez, em parte apenas, por falta de pessoal, de recursos, e até mesmo porque há sempre outras prioridades.

Mas os habitantes dessas cidades sitiadas pela violência poderiam modificar radicalmente a situação. Se cada uma dessas crianças tivesse uma família que se interessasse por ela, que a ajudasse, que a orientasse, que trabalhasse em favor de sua promoção; se cada uma das famílias de classe média ou abastada, substituindo futilidades e a indiferença pelo esforço do bem, fosse ao encontro do menor carente, prodígios seriam realizados em favor da solução do problema, favorecendo a edificação de uma sociedade legitimamente cristã.

Programas dessa natureza devem estender-se a todas as faixas da população carente, beneficiando também idosos, doentes, presidiários, desempregados...

Há milhões de pessoas neste imenso Brasil que precisam urgentemente de um pouco de calor humano. Que alguém se detenha, que alguém se interesse por sua sorte, que alguém as ajude, que alguém as atenda em suas necessidades.

Muito mais que dinheiro é preciso boa-vontade, porquanto, assim como o Cristo multiplicava pães e peixes para atender à multidão faminta, a boa-vontade multiplica indefinidamente os recursos com os quais podemos e devemos ajudar nossos irmãos.

Que o digam os dirigentes de instituições de caridade. Nunca há dinheiro, mas os recursos chegam sempre, enquanto permanece a disposição de servir.

* * *

Todos anseiam pela lei e pela ordem. Queremos viver em paz, exercer nossas atividades profissionais, cuidar da família, construir um futuro melhor. Mas tememos por ele, em face da escalada da violência urbana.

Esperamos que o Governo imponha a ordem. Que se aumentem os efetivos policiais, que se ampliem às prisões, que sejam mais severas as leis.

Imperioso reconhecer, entretanto, que só há uma lei

capaz de acalmar os ânimos e impor a ordem no Mundo, harmonizando indivíduos e coletividades: é a Lei do Amor, insistentemente preconizada por Jesus, a explicar que cumpri-la é fazer ao semelhante o bem que desejaríamos nos fosse feito.

A Lei do Amor é mil vezes mais eficiente do que a coerção, a repressão, a prisão, a ação policial, porque todos os recursos de força com os quais se pretenda conter os impulsos criminosos do homem o atingirão sempre de fora para dentro, como um ato de violência, provocando reações semelhantes e exacerbando sua agressividade. É por essa razão que os reformatórios são escolas de delinquência, e o criminoso sempre sai mais endurecido da prisão.

O amor trabalha diferente. Opera de dentro para fora, atinge o indivíduo em sua intimidade, sensibiliza seu coração, contém seus impulsos inferiores, desperta sua consciência, dispara dentro dele o processo de sua própria renovação.

Mais cedo ou mais tarde, governantes e governados acabarão por compreender que a renovação da sociedade para construção de um mundo melhor pede, acima de tudo, exercícios de amor.

34

A OMISSÃO DOS BONS

Por que, no mundo, tão amiúde, a influência dos maus
sobrepuja a dos bons?

Por fraqueza destes. Os maus são intrigantes e
audaciosos, os bons são tímidos. Quando estes o quiserem,
preponderarão.

Questão nº 932

Potencialmente todo homem é bom.

Somos filhos de Deus, criados, segundo a expressão bíblica, "à Sua imagem e semelhança". Se o Criador é a Bondade Suprema, essa mesma virtude existe embrionária em nós, razão pela qual, consciente ou inconscientemente, passamos a existência à procura de seus valores. Intuitivamente pressentimos que nossa realização como filhos de Deus, habilitando-nos à plena integração na harmonia universal, está condicionada a esse esforço.

Aristóteles define com simplicidade o assunto: "A Felicidade consiste em fazer o bem".

* * *

Não obstante, com frequência nos comprometemos com o Mal, envolvendo-nos em iniciativas que levam prejuízos ao semelhante.

Esta é, talvez, a maior contradição humana, inspirando a sábia observação do apóstolo Paulo, na Epístola aos Romanos (7;19): "Por que não faço o bem que prefiro, mas o mal que não quero, esse faço".

Tal tendência está tão entranhada na criatura humana que as pessoas parecem não perceber que agem com maldade. Os piores facínoras encontram amplas justificativas, perante si mesmos, para seus atos antissociais. Al Capone, considerado o inimigo público número um, nos Estados Unidos, afirmava não saber por que era perseguido pelas autoridades, já que proporcionava prazeres ao povo, ajudando-o a divertir-se. Mafiosos sanguinários se referem aos crimes que praticam como "circunstanciais", próprios de seus "negócios", sem nenhuma intenção maldosa. Tiranos cometem atrocidades proclamando defender o bem-estar social e o progresso da nação.

Semelhante desvio é típico de um planeta de expiação e provas como a Terra, habitada por Espíritos em estágios primitivos de evolução, tendo por móvel de suas ações o egoísmo, a preocupação egocêntrica com o próprio bem-estar, que sobrepuja em nosso universo íntimo a embrionária vocação para o bem.

O egoísmo sempre encontra justificativa para toda sorte de inconsequências, desenvolvidas e consumadas com a presteza de quem defende interesses pessoais, por mais escusos se apresentem.

Exemplo típico: o chamado "crime passional", em que o indivíduo, a pretexto de "lavar a honra", comete brutal assassinato, recusando-se a avaliar a enorme distância entre a natureza do mal que sofreu e o mal que está produzindo, algo como jogar uma bomba na casa do vizinho porque seu carro esbarrou em nosso muro.

* * *

Mesmo os que gostariam de cogitar apenas do bem, convivem pacificamente com o mal e até se envolvem com ele, por "fraqueza" e "timidez", que se exprimem de múltiplas formas:

O cigarro é um flagelo social. Provoca variados distúrbios de saúde que abreviam a existência, impondo condicionamentos terríveis que repercutem em nosso Espírito, com danosas consequências no futuro. No entanto, milhões de pessoas fumam, após uma iniciação feita geralmente na idade escolar. É que ao adolescente pesa o constrangimento de sentir-se diferente entre os companheiros fumantes. Então, ele assume o vício, tornando-se prisioneiro dele, por *imitação*.

Há um acidente de trânsito. Prejuízos consideráveis são provocados por um motorista imprudente. E ele procura torcer os fatos, a fim de furtar-se às suas responsabilidades. As pessoas prejudicadas procuram testemunhas que, tendo presenciado o acontecimento, disponham-se a depor em juízo, a fim de que se faça justiça. No entanto, ninguém se habilita. Há o *medo* de envolver-se.

São frequentes os escândalos em empresas públicas. Funcionários desonestos se apropriam de vultosos valores que não lhes pertencem, num comportamento que, não raro, estende-se ao longo de meses ou anos a fio, até que, por circunstâncias fortuitas, o desfalque é descoberto. Constata-se, então, que tais irregularidades ocorreram por relaxamento das normas de segurança que, não observadas pelos demais servidores, favoreceram a ação dos desonestos. Aproveitam-se alguns da *desídia* de muitos.

A volúpia de ganhar dinheiro induz muitas indústrias ao desprezo por elementares medidas de preservação do meio ambiente, por dispendiosas. Poluem a atmosfera, destroem florestas, matam rios, intoxicam a população e semeiam enfermidades. O movimento ecológico vem sendo articulado com o propósito de defender a Natureza. Os progressos, entretanto, são lentos, porquanto pouca gente se dá ao trabalho de participar, em absoluta *indiferença*.

As reuniões de cunho espiritualizante, sob inspiração de qualquer denominação religiosa, quando realizadas com seriedade e pureza, no propósito de buscar a comunhão com o Céu, favorecem a paz e o equilíbrio nos corações, repercutindo beneficamente nas sociedades humanas. No entanto, vasta parcela da população permanece alheia, não por descrença, mas simplesmente por *comodismo*.

* * *

A transição entre o bem e o mal, a vitória das potencialidades divinas sobre as tendências egoísticas da criatura humana se opera a partir da eleição de um ideal superior, algo em que o indivíduo possa empenhar sua vida.

O idealista legítimo, capaz de esquecer de si mesmo em favor de uma causa nobre, está sempre desperto, ativo, consciente, disposto ao sacrifício, imune ao acomodamento, pronto a trilhar os mais difíceis caminhos. O ideal o conduz, aquece, ilumina, sustenta... As grandes vidas, inspiradoras e inesquecíveis, foram marcadas por grandes ideais.

Por ideal de seguir Jesus, milhares de cristãos enfrentaram destemidamente as feras famintas no Circo Romano, regando com seu suor e lágrimas a árvore nascente do Cristianismo.

Por ideal de libertar o pensamento religioso do dogmatismo asfixiante, Giordano Bruno e João Huss se deixaram queimar em fogueiras inquisitoriais, situando-se como precursores da fé apoiada na razão, instituída por Allan Kardec.

Por ideal de libertar a Pátria do jugo português, Tiradentes enfrentou desassombradamente o poder imperial, imolando-se em favor de um movimento de ideias que culminou com o Grito do Ipiranga.

Pessoas assim valorizam a existência, enobrecendo o gênero humano. Com suas iniciativas fecundam o bem, inspiram o progresso, ajudam a construir um mundo melhor.

Não estão sozinhos. Seguindo esses vanguardeiros há uma heróica retaguarda de servidores ativos e conscientes, sejam médicos, professores, operários, administradores – gente que está lutando, que está enfrentando os problemas do Mundo, procurando fazer o melhor, tentando realizar o bem, trabalhando com denodo e perseverança.

É preciso que suas fileiras se ampliem. Que esses milhares sejam milhões. Que o ideal do bem conquiste os corações! Que se semeie tanta luz que as sombras se retraiam! Que se exemplifique tanto a fraternidade que o egoísmo não encontre onde se apoiar! Que se exercite tanto a bondade que não haja espaço para a maldade!

Então, sim, superando a omissão dos "bons", o bem preponderará.

OS CONTATOS COM O CÉU

A perda de entes queridos não nos causa um sofrimento tanto mais legítimo, quanto é irreparável e independente de nossa vontade?

Essa causa de sofrimento atinge tanto o rico como o pobre: é uma prova ou expiação e lei para todos. Mas é uma consolação poderdes comunicar-vos com os vossos amigos pelos meios de que dispondes, enquanto esperais o aparecimento de outros mais diretos e mais acessíveis aos vossos sentidos.

Questão n° 934

O falecimento de entes queridos faz parte do elenco de dores a que estamos sujeitos na Terra.

Contemplar a vida a esvair-se naqueles que amamos intensamente...

Velar o corpo rígido e mudo...

Encerrá-lo na campa fria...

São detalhes que compõem o drama terrível da separação.

Consideremos, porém, que Deus não inventou a morte para torturar seus filhos. Trata-se, isto sim, de um poderoso recurso evolutivo em favor dos que partem e dos que ficam.

Para os que partem é o balanço existencial, a aferição do que foi feito, com vistas à renovação.

Para os que ficam, agitados nos refolhos da consciência, é o convite para que desçam do carro das ilusões, estimulados pelo próprio sofrimento a cogitar do significado da existência humana.

* * *

Dores expiatórias são aquelas impostas pela Justiça Divina a Espíritos recalcitrantes e rebeldes.

Dores provacionais são aquelas planejadas e escolhidas por Espíritos conscientes de seus débitos e necessidades.

Essas definições podem ser aplicadas àqueles que se despedem de seus mortos, de conformidade com seu comportamento.

Há pessoas que, literalmente, desabam no desespero, como quem se debate ante a cobrança indesejável de um débito cármico, questionando os desígnios divinos.

Outros fazem melhor, concebendo a separação como inevitável experiência humana que lhes compete enfrentar. Seu sofrimento é bem menor, não porque amam menos, mas porque se submetem à vontade de Deus, já que a amargura maior chega sempre pelas portas da inconformação.

A compreensão, que situa a morte como provação tolerável é, sem dúvida, uma questão de maturidade, mas se relaciona, também, com o conhecimento. à medida que assimilamos a ideia de que a morte impõe uma separação inexorável, *mas transitória*, e que todos nos reencontraremos na Espiritualidade, fica mais fácil aceitá-la.

* * *

A manifestação dos Espíritos pela prática mediúnica retira da morte o aspecto sinistro, denso, pesado, tranquilizando os que partem e confortando os que ficam.

A Doutrina Espírita, que disciplina esse intercâmbio, situa-se como o Consolador prometido por Jesus, o Espírito de Verdade que nos oferece revelações que não tínhamos condições para entender há dois mil anos.

Chico Xavier, o notável médium de Uberaba, personifica essa consolação, recebendo ao longo de seu apostolado mediúnico milhares de mensagens de Espíritos desencarnados, que se dirigem aos familiares exaltando a sobrevivência. Impossível negar sua autenticidade, porquanto elas vêm recheadas de informações envolvendo datas, nomes, apelidos, circunstâncias, tratamento íntimo.

Muito mais que isso há o que um desses comunicantes denomina "o sentido das palavras", a refletir, inquestionavelmente, a presença dos que se foram, transformando o dragão terrível – a morte – em ave da liberdade, como exprime o Espírito Castro Alves, nosso poeta maior, em psicografia do mesmo Chico:

> Conduzo seres aos Céus,
> À luz da realidade;
> Sou ave da Liberdade
> Que ao lodo da escravidão
> Venho arrancar os espíritos,
> Elevando-os às alturas:
> Dou corpos às sepulturas,
> Dou almas para a amplidão! [2]

* * *

Dia virá em que a comunicação com os "mortos" será extremamente precisa e facilitada, com o concurso de sofisticados aparelhos eletrônicos.

---

2   Poema "A Morte", do livro "Parnaso de Além Túmulo", editado pela Federação Espírita Brasileira.

Pesquisa-se muito nesse campo, a partir das experiências com gravadores, realizadas pelo sueco Friedrich Juergenson, iniciadas em 1959. Conforme relata no livro *Telefone Para o Além*, ao reproduzir uma gravação com cantos de pássaros notou que captara estranhas vozes. Realizando centenas de gravações, em que as vozes insistiam em marcar sua presença, acabou descobrindo que eram produzidas por seres espirituais, num esforço por desenvolver novas formas de contato com os homens.

* * *

Em vários países se desenvolvem, atualmente, técnicas de captação de imagens do Plano Espiritual pela televisão.

Vivemos o início de uma nova era, no intercâmbio entre "vivos" e "mortos", que culminará com a comprovação definitiva da sobrevivência, em bases de tecnologia. Teremos, então, sons e imagens do Além que contribuirão decisivamente para a edificação de uma Humanidade mais espiritualizada e consciente de suas responsabilidades.

* * *

Antes que chegue esse tempo e ainda que não tenhamos à nossa disposição os grandes médiuns, podemos detectar a presença dos Espíritos se cultivarmos "olhos de ver", como ensinava Jesus.

Diariamente entramos em contato com os "mortos", enquanto nosso corpo dorme. Muitos sonhos se situam por pálidos registros dessas excursões na Espiritualidade.

Em circunstâncias especiais benfeitores dedicados ajudam seus pupilos a superar determinados problemas, promovendo alentadores encontros com familiares desencarnados.

Um homem viveu perto de meio século com a esposa. Davam-se muito bem, criaram vários filhos. Quando a companheira faleceu ele sofreu o impacto da separação, mas estava preparado, mesmo porque ela tivera doença de longo curso, definhando lentamente. Fora uma libertação, após anos de sofrimento.

Não obstante, o viúvo caiu numa depressão acentuada, uma angústia insuperável, marcadas por exagerada sensibilidade. Isto o afligia muito. Não lhe parecia normal, mesmo porque conhece o Espiritismo.

Após algumas semanas sonhou que a esposa se aproximava dele e o abraçava com muito carinho, despedindo-se. Foi tudo muito nítido, claro, real... Acordou sentindo-se leve, tranquilo e livre de suas opressões, reencontrando o bom ânimo, que é uma característica de sua personalidade.

O que teria acontecido?

Há duas hipóteses:

A esposa, ao desencarnar, enfrentando os percalços do retorno, ainda presa à vida física pela emoção, estava imantada ao marido, transmitindo-lhe algo de suas perplexidades. Despertando para as realidades além-túmulo, sob o amparo de amigos e familiares desencarnados, partiu, após despedir-se do marido, conforme o registro em sonho.

Ou então, compadecida de sua dor, viera conversar com ele para reanimá-lo, algo que ele registrou esmaecidamente em sonho, lembrando-se com nitidez apenas da despedida.

De qualquer forma, a experiência foi decisiva, devolvendo-lhe a serenidade.

* * *

Pessoas dotadas de maior sensibilidade podem estabelecer contato mais estreito com os Espíritos, durante as horas de sono, desde que se preparem convenientemente, partindo do princípio fundamental: é preciso fazer silêncio em nosso íntimo, evitando o "barulho" das paixões humanas, para que possamos registrar adequadamente as vivências espirituais.

Lembramos a experiência de um companheiro espírita, que tinha certa facilidade para registrar encontros noturnos com familiares e benfeitores desencarnados. Era algo que o alegrava muito, principalmente quando convocado para serviços na Espiritualidade, entusiasmado com a possibilidade de praticar a caridade mesmo quando seu corpo repousava.

Todavia, começou a envolver-se com atividades materiais, construindo diversas casas para locação. Melhorando sempre sua condição econômica, decidiu construir um prédio de apartamentos que lhe renderia bons lucros.

Desde então notou que seus desdobramentos escasseavam. Num deles um benfeitor espiritual o advertiu de que era preciso dedicar-se mais às edificações espirituais. Estava tão preocupado com as construções da Terra que, quando retornasse ao Plano Espiritual, provavelmente não teria onde morar. Rico na Terra, pobre no Céu. Além do mais, seu empolgamento com os interesses materiais estava inibindo suas possibilidades espirituais.

Ao ouvir seu relato, perguntamos:

— E daí? Reduziu as construções da Terra?

E ele, sorriso triste:

— Parei com os desdobramentos. Nunca mais consegui conversar com os amigos espirituais...

Fica impossível o contato com o Céu se o nosso coração se prende aos interesses da Terra.

A TENDÊNCIA PREDOMINANTE

*Que se deve pensar da opinião dos que consideram
profanação as comunicações como além-túmulo?*

*Não pode haver nisso profanação quando haja
recolhimento e quando a evocação seja praticada respeitosa
e convenientemente...*

Questão n° 935

O fato de algumas religiões considerarem uma profanação – um desrespeito pelo sagrado – o intercâmbio
com os mortos, constitui uma das mais incríveis contra-
dições humanas.

Se as religiões são espiritualistas, isto é, admitem a
existência do Espírito, a individualidade que sobrevive à
morte do corpo físico, que é mero veículo para a jornada
terrestre, por que estariam impedidos os que partem de

conversar com os que ficam, amenizando a dor da separação com o testemunho glorioso de que continuam vivos?

Inspiram-se os teólogos de plantão em recomendações de Moisés, notadamente em Deuteronômio (18;10-11): "Não exista entre vós quem pretenda depurar seu filho ou filha, fazendo-os passar pelo fogo, nem adivinhador, nem prognosticador, nem agoureiro, nem necromante, nem mágico, nem quem consulte os mortos, pois todo aquele que faz tais coisas é abominável diante do Senhor".

A proscrição mosaica atesta que é possível o contato com o além. Não é preciso proibir o impossível. Frequentemente encontramos, em jardins públicos, a seguinte inscrição: "Não pise na grama", mas nunca "Não coma grama". Seria ocioso, já que se trata de uma planta imprópria para consumo humano.

Considere-se, além do mais, que Moisés foi apenas um legislador judeu que, ao longo de sua liderança, instituiu centenas de leis, boas e más, algumas decididamente infelizes sob a ótica atual, mas que serviam à sua época e ao seu povo, sem nenhum caráter universalista ou eterno.

Não é razoável admitir, portanto, como se apregoa, que a Bíblia é "a palavra de Deus". Seria no mínimo extravagante que o Criador, o Senhor supremo do Universo, onde pululam bilhões de galáxias e mundos sem conta, assumisse a postura de mesquinho governante, em insignificante planeta, demonstrando escandalosa e injusta preferência por um povo. Nem que se deixasse dominar por impulsos passionais, muito humanos, a ponto de, em determinado momento, arrepender-se de ter criado o Homem, como está em Gênesis (6,6).

Nem podemos imaginar Deus, tendo por intérprete Moisés, a estabelecer que é proibido trabalhar no sábado, punindo com a morte os infratores; que ao morrer um chefe de família, seu irmão é obrigado a casar-se com a viúva; que a mulher menstruada se torna imunda, o mesmo acontecendo com o leproso; que sejam sacrificados animais e aves nos atos de adoração... Isto sem falar das draconianas instruções de guerra, que determinava que os judeus, em terra de inimigos, deviam passar a fio de espada tudo o que tivesse vida: homens, mulheres, velhos, crianças, animais, aves, peixes...

* * *

A legislação mosaica se situa hoje como um anacronismo, a começar pela famosa Pena de Talião, a impor que o criminoso fosse castigado na mesma proporção da natureza do crime: "Olho por olho, dente por dente, mão por mão, pé por pé, queimadura por queimadura, ferimento por ferimento, golpe por golpe". (Êxodo 21, 24-25).

Mas, em se tratando da proibição de contato com os mortos, as recomendações de Moisés saltam do Velho

Testamento como clava de terrível abominação divina, que os fanáticos brandem sobre os "infiéis", que se atrevem a transgredi-la.

Tanto mais esdrúxula é essa posição quando se considera que as religiões chamadas cristãs têm em Moisés e os profetas meras referências, orientando-se pelo Novo Testamento, que nos traz as experiências de Jesus e seus discípulos. E o Mestre, durante todo o seu apostolado, conversou com os mortos, afastou Espíritos impuros, doutrinou obsessores, libertou obsidiados.

Há, sem dúvida, na legislação mosaica, preciosidades de inspiração divina, eternas e universais, como a Tábua dos Dez Mandamentos, na qual temos os fundamentos da Justiça, ensinando o que não nos é lícito fazer e que nossos direitos terminam onde começam os direitos do semelhante. Tais orientações, entretanto, o verdadeiro maná do Céu, num areal de especulações e fantasias, são raras.

Por isso, ao mesmo tempo que confirma o Decálogo, Jesus praticamente revoga o Velho Testamento, reduzindo-o a duas citações que se destacam como pérolas divinas entre quinquilharias humanas, ao proclamar que o amor a Deus acima de todas as coisas (Deuteronômio 6,5.) e ao próximo como a nós mesmos (Levítico 19,18.), encerram a Lei e os Profetas.

* * *

A primitiva comunidade cristã conservou o intercâmbio com o Além. Faziam parte do culto as manifestações dos Espíritos. Eram tão frequentes e envolviam tantos médiuns, chamados então profetas, que o apóstolo Paulo, na Primeira Epístola aos Coríntios, capítulo 14, traça normas disciplinadoras desse intercâmbio.

Com os desvios do Cristianismo, a partir do século IV, perdeu-se a pureza inicial e, em decorrência, a possibilidade de comunhão com os Mentores que sustentavam suas iniciativas mais nobres.

E porque o contato com os mortos contrariava os novos interesses, reeditou-se a proscrição mosaica e foram os médiuns relegados à condição de bruxos e feiticeiros, com destino certo: a fogueira.

Retraiu-se, então, o intercâmbio a círculos extremamente restritos, na clandestinidade, até o grande surto mediúnico no século XIX, a partir das manifestações de Hydesville, nos Estados Unidos, envolvendo as irmãs Fox, que culminaram com a codificação da Doutrina Espírita, restabelecendo a ponte maravilhosa que aproxima a Terra do Além para acabar para sempre com a ideia sinistra de que a morte é o fim.

***

Os agrupamentos mediúnicos que se formaram, desde então, cumprem finalidades específicas, de conformidade com as intenções dos participantes e as possibilidades dos médiuns. Nota-se, porém, uma sucessão de tendências predominantes.

Nos primórdios da Doutrina Espírita, dava-se ênfase às manifestações espetaculosas, com o concurso de grandes médiuns de efeitos físicos que serviam de cobaias para circunspectos pesquisadores que, diga-se de passagem, em sua esmagadora maioria terminavam por reconhecer a legitimidade do intercâmbio com o Além.

Houve a época das reuniões domésticas, pessoas que, na intimidade do lar, cultivavam o contato com os familiares e benfeitores desencarnados.

Depois vieram os grupos que se especializavam em desmascarar Espíritos mistificadores, com dirigentes que mais pareciam detetives a procura de criminosos.

Na atualidade, destacam-se as sessões de ajuda a Entidades sofredoras, o que inspira estranheza em alguns confrades. Concebem eles que os mentores espirituais têm melhores condições para esse tipo de assistência. Enganam-se, porquanto com muita frequência o manifestante está tão perturbado, preso a impressões da vida material, que não consegue nem mesmo identificar a presença dos socorristas desencarnados.

O contato com as energias físicas do médium oferece-lhe alguma lucidez, como um sonâmbulo momentaneamente desperto, habilitando-o ao diálogo. Se o dirigente dos trabalhos o envolve numa atmosfera de muito carinho e solicitude, fazendo-o sentir que ali há um grupo de pessoas dispostas a ajudá-lo; se conseguir induzi-lo à oração, modificando-lhe as disposições, o caminho estará aberto para a ação dos benfeitores espirituais.

Semelhante tendência deverá prevalecer na prática mediúnica, como em tudo o que se relaciona com o Espiritismo, que institui a filosofia do trabalho no campo da fraternidade humana, como supremo recurso para a construção de um mundo melhor.

Natural, portanto, que nos sintamos convocados pela Doutrina à participação em creches, berçários, hospitais, albergues, escolas e, sobretudo, no Centro Espírita, em inúmeros serviços que ali são desenvolvidos.

* * *

Espíritas desencarnados que se manifestam em Centros Espíritas a cujos serviços estiveram vinculados, reportam-se a dois sentimentos:

A alegria de um retorno mais tranquilo, de uma adaptação mais rápida à vida espiritual, em decorrência do aprendizado doutrinário e dos serviços prestados.

A tristeza por não terem dado de si tanto quanto podiam, de não terem se empenhado em favor de sua renovação tanto quanto deviam. Sentem que perderam tempo.

Sua experiência lembra o prefácio do livro *Cartas e Crônicas*, psicografia de Francisco Cândido Xavier, em que o Espírito Humberto de Campos escreve:

Num belo apólogo, conta Rabindranath Tagore que um lavrador, a caminho de casa, com a colheita do dia, notou que, em sentido contrário, vinha suntuosa carruagem, revestida de estrelas. Contemplando-a, fascinado, viu-a estacar, junto dele, e, semiestarrecido, reconheceu a presença do Senhor do Mundo, que saiu dela e estendeu-lhe a mão a pedir-lhe esmolas.

— O que? – refletiu, espantado – o Senhor da Vida a rogar-me auxílio, a mim, que nunca passei de mísero escravo, na aspereza do solo?

Conquanto excitado e mudo, mergulhou a mão no alforje de trigo que trazia e entregou ao Divino Pedinte apenas um grão da preciosa carga.

O Senhor agradeceu e partiu.

Quando, porém, o pobre homem do campo tomou a si do próprio assombro, observou que doce claridade vinha do alforje poeirento... O grânulo de trigo, do qual fizera sua dádiva, tornara à sacola, transformado em pepita de ouro luminescente...

Deslumbrado, gritou:

— Louco que fui!... Por que não dei tudo o que tinha ao Soberano da Vida?

UNIDOS PELO CORAÇÃO

Como é que as dores inconsoláveis dos que sobrevivem se refletem nos Espíritos que as causam?

O Espírito é sensível à lembrança e às saudades dos que lhe eram caros na Terra; mas, uma dor incessante e desarrazoada o toca penosamente, porque, nessa dor excessiva, ele vê falta de fé no futuro e de confiança em Deus e, por conseguinte, um obstáculo ao adiantamento dos que choram e talvez à sua reunião com estes.

Questão n° 936

O homem se despe e entra no chuveiro.

Súbito a porta do banheiro é arrombada. Desconhecidos o agarram, vendam seus olhos e o amordaçam. Conduzido ao aeroporto, é embarcado num avião, em indesejável viagem para remota região, onde o deixam sem nenhuma explicação. Confuso e desorientado vagueia sem rumo.

Semelhante situação se assemelha a de Espíritos que retornam à Vida Espiritual abruptamente, "raptados" por um acidente, um ato de violência, uma síncope fulminante.

A extensão de suas perplexidades dependerá, evidentemente, de vários fatores, destacando-se os conhecimentos relacionados com o trânsito para o Além, a maturidade emocional e, sobretudo, a natureza de seu envolvimento com os interesses materiais. Neste particular, aplica-se perfeitamente a advertência de Jesus: "Onde estiver o teu tesouro, aí estará também o teu coração" (Mateus 6, 21).

Aqueles que fazem da existência humana um fim em si, que de nada cogitam além dos seus negócios, apegados aos bens da Terra, terão imensas dificuldades de adaptação, se "raptados" para o continente espiritual. Um rico empresário, empolgado por suas atividades comerciais, sem espaço em seu coração para cogitações mais nobres, sentir-se-á dolorosamente lesado, como se lhe houvessem roubado até o último centavo.

* * *

Espíritos evoluídos, que fazem "poupança para o Além", guardando seus tesouros nos bancos da sabedoria e da virtude, não têm dificuldade para enfrentar a grande transição, mesmo que ocorra inesperadamente.

Herculano Pires, notável escritor e jornalista espírita, é um exemplo marcante. Tendo sofrido um enfarte, foi imediatamente conduzido ao hospital. Enquanto os médicos o socorriam, iniciava-se uma reunião de estudos espíritas e prática mediúnica, na garagem de sua residência, que funcionava como pequeno centro espírita, frequentado por amigos e admiradores. A família resolve por bem não informar o grupo reunido, a fim de evitar tumulto no hospital.

No desdobramento dos trabalhos mediúnicos, para surpresa dos presentes, um Espírito informou o falecimento de Herculano. Em seguida ele próprio se manifestava para suas despedidas, em mensagem psicografada, em que dizia:

> *Família querida,*
> *Vivendo contigo dias felizes e amenos, na*
> *   [experiência do lar prossegue a vida.*
> *Coragem e otimismo, não quero pompas nem velas,*
> *Apenas a simplicidade do professor do interior*
> *   [em metrópole de céus e estrelas...*
> *Sustenta em apoio vibratório a casa,*
> *Ampara o livro da codificação,*
> *E eu, em espírito ou memória, ao lado dos*
> *   [amigos espirituais contigo sempre estarei,*
> *No apostolado de pregar e servir a Doutrina dos*
> *   [Espíritos, com o Mestre de Lion.*

Virgínia querida, mais esposa do que esposo fui,
Já não tem falar, nem riso, não mais o poeta.
Mas que semblante triste o teu! Volta ao que era,
Como o tempo na casa velha,
Tudo é vida, das noites de rima, doutrina e cozinha,
Lar, amigos,
Não é confusão, é nova sensação,
A de viver, sentir que já não sou corpo,
Mas alma, até que enfim!
Desculpe, sou espírito de verdade,
Amparado em novas luzes,
A minha, a nossa luzinha, que ajudaste a construir...
No momento adeus, menos choro e mais café!
Se há dificuldade de captar a escrita,
Imagine a de despertar aqui,
Para dizer aos meus da sobrevivência da alma!
Muita paz em Jesus.

Somente depois do encerramento da reunião chegou à notícia do falecimento. Ficou-se sabendo que Herculano costumava escrever poesias dirigidas aos familiares em ocasiões especiais. E assim procedeu novamente, em data muito significativa – a de sua própria desencarnação! Identificamo-lo perfeitamente nas ideias e expressões usadas, particularmente ao solicitar aos familiares que trabalhem em favor da obra de Allan Kardec, o "Mestre de Lion", como ele o fez, por supremo ideal de sua existência.

* * *

A manifestação de Herculano Pires, momentos após o seu falecimento, é um atestado eloquente de imortalidade, uma demonstração de como o Espírito esclarecido e consciente pode superar de imediato o trauma da morte repentina, mas é, inegavelmente, *uma exceção*.

Por isso, o melhor mesmo é "morrer na cama", em doença de longo curso, que nos prepara compulsivamente, induzindo-nos à oração, à superação das ilusões, à procura da religião, ao desapego das humanas paixões, à disposição de cultivar valores espirituais. A transferência, então, efetua-se de forma mais branda. Não nos sentimos "raptados". Podemos até ensaiar despedidas, se formos capazes de "encarar" a morte.

* * *

Em mortes "à vista" ou "a prazo", muita gente parte despreparada; muita gente fica inconformada, originando dois problemas:

No primeiro, o "morto" perturba os "vivos".

Se o desencarnante encontra dificuldades para definir seu novo estado; se o afligem impressões relacionadas com o tipo de morte que sofreu; se ele está confuso e atribulado, há uma tendência natural para procurar aqueles aos quais está ligado pelos laços do coração, que constituem parte de seu "tesouro".

Aproxima-se deles para pedir socorro, para reclamar atenção, para expor suas angústias e perplexidades.

Estabelecida a sintonia entre o desencarnado e seus afetos, surge o que poderíamos definir como uma *obsessão pacífica*, já que não há nenhuma intenção maldosa do "obsessor". Ele apenas quer ajuda, como alguém que, prestes a morrer afogado, agarra-se desesperadamente ao companheiro que está mais próximo.

Semelhante envolvimento impõe penosas impressões àqueles que o sofrem, mas não há grandes dificuldades para ser superado. A simples frequência ao Centro Espírita vale por uma desobsessão, porquanto o desencarnado tende a acompanhá-los, colhendo os benefícios do ambiente e das palestras, que o esclarecem e preparam para a ajuda mais efetiva dos mentores espirituais.

* * *

E há o problema dos "vivos" que perturbam os "mortos".

Particularmente nas mortes repentinas, se os familiares não têm nenhuma noção a respeito do assunto, tendem a cultivar ideias negativas, em insistente questionamento íntimo. E revivem interminavelmente as circunstâncias do desencarne, envolvendo um carro destroçado, um incêndio devorador, um afogamento trágico, um tiro fatal...

Quando o desencarnante tem certa maturidade espiritual, superando o trauma do trágico retorno à Vida Espiritual, consegue neutralizar as vibrações de angústia e desespero dos familiares, embora lhe sejam penosas.

Se, entretanto, como ocorre com frequência, o retorno inesperado lhe impõe perplexidades e dúvidas, o desajuste dos familiares recrudesce suas reminiscências dolorosas relacionadas com as circunstâncias de sua morte, como quem vive um pesadelo que se repete indefinidamente.

Ao se manifestarem em reuniões mediúnicas, estes atribulados companheiros imploram aos entes queridos uma trégua em suas amargas cogitações íntimas. Não desejam ser esquecidos, mas que deixe de jorrar a fonte de inconsoláveis e torturantes lembranças. Que não os imaginem queimados, destroçados, afogados, desintegrados, mas *vivos*, num outro corpo, numa outra dimensão.

Insistindo para que mudem suas disposições e retornem à normalidade, sugerem aos familiares que se disponham a trabalhar em favor dos semelhantes, integrando-se nos serviços da fraternidade humana.

* * *

O falecimento de um afeto caro ao nosso coração se assemelha a uma amputação psicológica. É como se arrancassem parte de nós mesmos, ficando um imenso vazio onde, se não tivermos cuidado, proliferam facilmente os miasmas do desajuste e da perturbação.

O esforço do Bem ajuda-nos a preencher adequadamente esse vazio, operando prodígios de refazimento em favor de nossa saúde e bem-estar, harmonizando-nos com a existência.

Obras notáveis de caridade e promoção humana têm nascido em situações dessa natureza, quando pessoas atormentadas pelo falecimento de alguém muito querido, dedicam suas vidas à sementeira do bem, colhendo consolo e alento no empenho de servir.

A saudade sempre fica, mas sem amarguras, sem dores inconsoláveis, uma saudade suave, como a notícia feliz de um afeto que não se extingue jamais, assegurando-lhes, no recôndito da alma, que seus amados estão presentes no seu dia a dia, no trabalho edificante que executam, nas lágrimas que enxugam, nas bênçãos que distribuem.

Embora habitando mundos paralelos, permanecem unidos pelo coração.

A INGRATIDÃO E O AMOR

As decepções oriundas da ingratidão não serão de molde a endurecer o coração e a fechá-lo à sensibilidade?

Fora um erro, porquanto o homem de coração, como dizes, se sente sempre feliz pelo bem que faz. Sabe que, se esse bem for esquecido nesta vida, será lembrado em outra e que o ingrato se envergonhará e terá remorsos da sua ingratidão.

Questão n° 938

No extenso dicionário das mazelas humanas, a ingratidão ocupa lugar de destaque.

Na indiferença, ante benefícios recebidos e nas ações que representam uma omissão diante de eventuais necessidades do benfeitor ou até mesmo venham a prejudicá-lo, temos flagrantes demonstrações do egoísmo humano.

Tudo isso está presente na mais execrável e comprometedora ingratidão: a dos filhos.

Impossível efetuar um levantamento completo dos benefícios que recebemos de nossos pais, particularmente na infância. É preciso que tenhamos nossos próprios filhos para que possamos avaliar devidamente o assunto.

Não há sacrifícios em favor de alguém que se comparem aos da solicitude materna. Começam pela gravidez, que altera algo extremamente importante para a mulher – a estética corporal –, impondo-lhe deformações das quais nunca se recuperará plenamente. Depois, as dores do parto, a insegurança diante do recém-nascido, as noites de vigília, a ciranda das fraldas e das mamadeiras, as angústias em face de enfermidades, as preocupações que se estenderão por toda a existência em relação ao bem-estar e à felicidade do filho.

— Minha querida – diz experiente mulher a uma jovem em início de gestação – durma bastante, descanse, curta o prazer de cuidar de si mesma. Faça tudo isso agora porque, quando seu filho nascer, nunca mais você terá uma noite de sono inteiramente tranquilo, nem horas inteiramente suas. Sua vida não mais lhe pertencerá.

Ao pai está reservada idêntica carga de cuidados, não tão envolvente e intensa, mas acrescida do compromisso de trazer para a família "o pão de cada dia".

No entanto, para muitos casais idosos sobram, na velhice, um fundo de quintal, um asilo de luxo, um progressivo distanciamento.

Com a indefectível racionalização humana, a disfarçar o egoísmo, alegam os filhos problemas de convivência, conflito de gerações, caduquice dos velhos, com o que anestesiam a consciência. Esquecem-se de que os pais não fizeram o mesmo quando o "conflito de gerações" envolvia um casal às voltas com a "caduquice" de pirralhos iniciantes na arte de pensar.

* * *

— Eu não pedi a meus pais para vir ao Mundo - justificam muitos ingratos.

Ledo engano!

No Plano Espiritual, não só pedimos como, não raro, imploramos a casais em disponibilidade que nos dessem a oportunidade de um retorno às experiências humanas, reconhecendo-as indispensáveis à nossa edificação e à solução de problemas cármicos.

* * *

Mas há outro lado da questão.

Curioso observar como as mães mais ternas, mais virtuosas, nunca cobram dos filhos os benefícios que lhes prestam.

É que só podemos cobrar o que vendemos. A mãe não "vende" dedicação ao filho porque o faz por amor, que é, em sua manifestação mais pura, um ato de doação.

Essa é uma lição que deveríamos aprender com as mães, a fim de não reclamarmos quando os beneficiários de nossas iniciativas frustrarem nossas expectativas.

Quem cobra gratidão é mero vendedor de benefícios.

Isso se aplica a tudo o que fazemos em favor de alguém, no lar, na rua, no local de trabalho, na atividade religiosa, na vida social.

Os melindres, os desentendimentos, as decepções surgem quando cobramos amizade, respeito, compreensão, consideração, daqueles aos quais eventualmente tenhamos beneficiado.

Pomos a perder gratificantes oportunidades de servir porque vendemos muito e doamos pouco, no empório de nossas ações.

Quem se doa, em benefício de um filho, de um amigo, de um necessitado, jamais pensa em retribuição.

A recompensa está na própria doação, já que, quando assim fazemos, assumimos nossa filiação divina, habilitando-nos a receber em plenitude as bênçãos de Deus, que não se perturba com os ingratos, nem deixa de atendê-los, porquanto, como ensina Jesus, "faz nascer o sol para bons e maus e descer a chuva sobre justos e injustos".

* * *

O que seria do Cristianismo se Jesus, magoado com a ingratidão dos homens, com a multidão que o insultara, com os amigos que o abandonaram, com os discípulos que se acovardaram, recusasse comparecer ao colégio apostólico, após a crucificação?

E o que fez, diante dos companheiros assombrados com a gloriosa materialização? Revelou-se aborrecido? Criticou-os acremente?

Nada disso!

Jesus simplesmente saudou-os desejando-lhes paz, como nos dias venturosos do passado e, retirando-os do angustiante imobilismo, sedimentou para sempre, em seus corações, a disposição de trabalhar pela edificação do Reino de Deus.

O Mestre demonstrou, em inúmeras circunstâncias, que, se o amor persevera, o ingrato acabará defrontando-se com a própria consciência, que lhe imporá irresistíveis impulsos de renovação.

SALVAÇÃO MATRIMONIAL

(...) Como é, além disso, que a mais viva afeição de dois seres pode mudar-se em antipatia e mesmo em ódio ?

(...) Duas espécies há de afeição: a do corpo e a da alma, acontecendo com frequência tomar-se uma pela outra. Quando pura e simpática, a afeição da alma é duradoura; efêmera a do corpo. Daí vem que, muitas vezes, os que julgavam amar-se com eterno amor passam a odiar-se, desde que a ilusão se desfaça.

Questão n° 939

Diz jocosamente Afrânio Peixoto, escritor baiano, que o amor é uma criança que quer nascer e pede aos pais que não demorem.

Semelhante expressão define com propriedade a atração recíproca que sente o casal enamorado, num envolvimento tão forte que ambos se fundem num único pensamento: estarem juntos. Num único desejo: a comunhão carnal.

Dir-se-ia que é a própria Natureza a agir, estimulando o acasalamento para a perpetuação da espécie.

A liberdade sexual que impera na sociedade contemporânea favorece esse clima de mútua sedução, promovendo uniões que, inspiradas particularmente no sexo, tendem a complicar-se à medida que surgem as rotinas do dia a dia, os problemas de relacionamento, os cuidados dos filhos, as dificuldades financeiras, gerando tensões, atritos e insatisfações que arrefecem o impulso sexual.

Por isso, velho provérbio russo informa: "O casamento é o túmulo do amor". A sabedoria chinesa não deixa por menos: "O casamento é como uma fortaleza sitiada: quem está fora quer entrar; quem está dentro quer sair".

Assim, muitos matrimônios acabam quando morre a paixão. Incapazes de se harmonizarem, os parceiros da frustrada experiência decidem que é melhor separar-se, cuidando cada um da própria vida.

Isto é muito comum nestes tempos de uniões passionais e separações irracionais, em que os cônjuges não cogitam dos prejuízos que causam aos filhos, pelos quais responderão um dia, no tribunal da própria consciência.

* * *

Há fórmulas para o casamento dar certo, mesmo quando fenece a paixão. Uma delas, antiquíssima, é o machismo – o homem dono da verdade, que manda e desmanda; a mulher, escrava submissa, a cumprir irrestritamente as ordens de seu senhor.

Quando um sempre manda e o outro obedece, é possível viverem juntos, embora num regime de quartel, que não tem nada em comum com um lar.

A propósito há a história daquele fazendeiro que dizia viver um casamento muito feliz, opinião que certamente não era compartilhada por sua esposa, porquanto ele era um impenitente e truculento machista. E explicava:

— É tudo uma questão de começar bem. Quando casamos, após a festança, montei no meu cavalo, botei minha mulher na garupa e partimos em lua-de-mel. Em dado momento o animal tropeçou e eu disse:

— Primeira vez.

Continuamos. Mais algumas centenas de metros e o cavalo voltou a tropeçar.

— Segunda vez - disse eu.

Pouco depois, o mesmo problema.

— Terceira vez.

Ato contínuo desmontei juntamente com minha

mulher, passei a mão na espingarda e dei um tiro na cabeça do animal, matando-o.

Ela ficou perplexa.

— O que é isso?! Matar o pobre cavalo, apenas porque tropeçou três vezes! Você é um desalmado, um criminoso!...

Enquanto ela extravasava sua indignação eu a olhava muito sério, no fundo de seus olhos. Então, falei forte:

— Primeira vez!

E nunca mais tivemos problemas com discussões.

Esta solução machista não funciona nos tempos atuais, de feminismo militante. Se o marido falar assim com a esposa, é provável que ela saque primeiro.

Hoje estamos mais para casamentos democráticos, de diálogos francos, às vezes francos demais, que terminam em pancadaria verbal.

Melhor fazia aquele homem saudável e forte, que tinha sessenta anos e aparentava quarenta. Quando lhe perguntavam qual o seu segredo, respondia:

— Casamento bem ajustado. Combinei com minha cara-metade que quando ela ficasse nervosa eu iria dar um passeio no campo. Com isso, passei os últimos trinta anos em saudável contato com a Natureza.

É uma solução original, mas não muito recomendável. Se o marido sai muito, furtando-se aos problemas domésticos, acabará não encontrando a esposa ao voltar. Pior, poderá encontrá-la com outro...

* * *

O Espiritismo tem uma grande contribuição em favor da estabilidade matrimonial, mostrando-nos que, a par dos imperativos da Natureza, defrontamo-nos, no casamento, com o desafio da convivência, que faz parte de nosso aprendizado como espíritos eternos.

Trata-se de uma necessidade evolutiva que lembra antigo recurso para limpeza de pregos quando, por limitações tecnológicas, eles eram produzidos com uma rebarba. Colocados num grande recipiente que ficava girando durante algum tempo, os pregos se atritavam uns com os outros e perdiam o indesejado apêndice.

Além da eliminação das "rebarbas" produzidas pela nossa própria inferioridade, a vida em família é, também, um ponto de referência que nos ajuda a manter o contato com a realidade. As pessoas que vivem durante muito tempo sozinhas enfrentam problemas nesse sentido. Dificilmente um eremita evitará excentricidades e esquisitices por falta do referencial, de contato com pessoas que possam apontar suas falhas, seus "desvios de perspectiva" na vivência e apreciação das experiências humanas.

Há sonhadores que cultivam a ideia do amor romântico, da união com a alma gêmea, imbuídos da ideia de que juntos serão infalivelmente "felizes para sempre", em gratificante convivência. Será tudo perfeito, desde o início, "amor à primeira vista", reencontro feliz de metades eternas.

Muitos casamentos terminam quando os cônjuges descobrem, após a euforia dos primeiros tempos, que a "alma gêmea" se transformou em "algema".

Só o amor-paixão, o amor-impulso sexual, é instantâneo. O amor de verdade, o amor-sentimento profundo de comunhão, é um projeto para a vida toda, que começa como tenra plantinha, com florações fugazes de desejo que, para vingar e frutificar, pede empenho diligente e consciente de duas pessoas que podem ter algumas afinidades, mas, essencialmente, são diferentes, em múltiplos aspectos – biológico, psicológico, cultural, intelectual, emocional. A lista iria longe.

Se não há esse entendimento e a convivência vai mal os cônjuges responsáveis, que pensam nos filhos, concordam que é preciso tentar salvar o casamento. Recorrem, então, à religião, aos psicólogos, aos amigos, aos conselheiros matrimoniais.

De fato o termo é esse: salvar o casamento, não apenas no sentido de evitar a separação, mas, principalmente, no sentido de preservá-lo, de torná-lo capaz de resistir aos desgastes da vida em comum.

Allan Kardec nos oferece uma fórmula mágica, que é a própria bandeira do Espiritismo em favor de um mundo melhor: "Fora da caridade não há salvação."

Talvez soe um tanto vago proclamar que é preciso praticar a caridade no lar para salvar o casamento. Afinal, o que seria isso?

Poderíamos defini-la como uma ginástica diária, em que os principais exercícios são: perdão, tolerância, atenção, respeito e renúncia.

O perdão é o treino da compreensão.

Se procurarmos compreender o familiar, sem o vinagre da crítica, identificaremos em seus momentos menos felizes a simples exteriorização de conflitos íntimos em que se debate, e não nos magoaremos.

A tolerância é o treino da aceitação.

Cada ser humano está numa faixa de evolução. Não podemos exigir mais do que tem para dar. E ninguém é intrinsecamente mau – somos todos filhos de Deus. É preciso lembrar, ainda, que as pessoas tendem a comportar-se da maneira como as vemos. Identificar pequenas virtudes é uma forma de desenvolvê-las. Estar sempre apontando mazelas e imperfeições é a melhor maneira de exacerbá-las.

A atenção é o treino do diálogo.

Diz André Luiz que quando os componentes de uma família perdem o gosto pela conversa, a afetividade logo deixa o lar. Isso ocorre porque estamos habituados ao monólogo, isto é, a falar e exigir, sem escutar e acatar. É preciso saber ouvir, dar atenção ao que dizem os familiares e, principalmente, reconhecer que nos momentos de divergência eles podem estar com a razão.

O respeito é o treino da educação.

Lamentável observar como é grande o número de lares onde as pessoas discutem, brigam, xingam-se e até se agridem, gerando uma atmosfera psíquica irrespirável que torna todos nervosos e infelizes. O problema é, fundamentalmente, de educação. Não apenas o verniz social que recebemos na escola, mas também a autoeducação, a disciplina das emoções, reconhecendo que sem respeito pelos outros caímos na agressividade, que é o argumento dos brutos, dos habitantes das cavernas.

A renúncia é o treino da doação.

Há algo de fundamental para nós, sem o que nossa alma *definha*, qual planta sem alimento. Chama-se amor! Quantos lares estariam ajustados e felizes; quantas separações jamais seriam cogitadas se num relacionamento familiar, pais e filhos, marido e mulher, irmãos e irmãs transmitissem com frequência, àqueles que habitam sob o mesmo teto, aquela que é a mensagem mais desejada. Aquela que diz: "Sabe, eu gosto de você!" Há muitas maneiras de dizer isso: um bilhete singelo, a lembrança de uma data, o elogio sincero, o gesto de louvor, o reconhecimento de um benefício, a saudação alegre, a brincadeira amiga, o prato mais caprichado, o diálogo fraterno, o toque carinhoso... Tudo isso diz, na eloquência do gesto, que gostamos do familiar. Não há nada mais importante em favor da harmonia doméstica. Para tanto é preciso que aprendamos a renunciar. Renunciar à imposição agressiva de nossos desejos; renunciar às reclamações e cobranças ácidas; renunciar às criticas ferinas e à incontinência verbal; renunciar ao mutismo e à "cara amarrada" quando nos contrariam... Renunciar, enfim, a nós mesmos, para que sejamos no lar alguém capaz de proteger e amparar, socorrer e orientar, vendo naqueles aos quais a sabedoria divina colocou em nosso caminho a gloriosa oportunidade de trabalhar com Deus na edificação dos corações, para que recebamos de Deus o salário da paz.

Com semelhantes exercícios em torno da caridade, descobriremos no lar afinidades novas, motivações renovadas, afetos insuspeitados, a garantirem uma vida familiar saudável e feliz.

A FORMA AMASSADA

Alcançam o fim objetivado aqueles que, não podendo conformar-se com a perda de pessoas que lhes eram caras, se matam na esperança de ir juntar-se-lhes?

Muito diverso do que esperam é o resultado que colhem. Em vez de se reunirem ao que era objeto de suas afeições, dele se afastam por longo tempo, pois não é possível que Deus recompense um ato de covardia e o insulto que lhe fazem com o duvidarem da sua providência. Pagarão por esse instante de loucura com aflições maiores do que as que pensaram abreviar e não terão, para compensá-las, a satisfação que esperavam.

Questão n° 956

Quando crianças estão reunidas em seus folguedos, há as que se afastam por terem sido contrariadas. E dizem: "Não brinco mais".

O suicida semelha a alguém que estava brincando de viver, decidido a afastar-se da Vida porque ela não atendeu seus desejos ou impôs-lhe o indesejado.

Entre a insatisfação e a inconformação se situam as motivações que induzem ao suicídio. Dentre elas, a mais frequente se relaciona com a perda de entes queridos, não apenas os que partem para o Além, mas também os que se afastam aquém, interrompendo a ligação afetiva, enfastiados do amor do passado ou empolgados por novo amor, no presente.

Ocorre que a Vida não é uma brincadeira da qual nos seja lícito desistir, mesmo porque é impossível deixar de viver. Seres eternos que somos, a morte apenas nos transfere para outra dimensão existencial, onde nos pedirão contas de como vivemos na carne e de como saímos dela.

E como explicar a Deus que desistimos da jornada humana, contrariando seus sábios desígnios e destruindo o corpo, o veículo que nos fora concedido por empréstimo?

* * *

Para um perfeito entendimento dos problemas decorrentes do suicídio é preciso considerar a existência do perispírito ou corpo espiritual.

Explica Allan Kardec, na introdução de *O Livro dos Espíritos*, item VI:

Há no homem três coisas: 1º – o corpo ou ser material análogo aos animais e animado pelo mesmo princípio vital; 2º – a alma ou ser imaterial, Espírito encarnado no corpo; 3º – o laço que prende a alma ao corpo, princípio intermediário entre a matéria e o Espírito.

Tem assim o Homem duas naturezas: pelo corpo, participa da natureza dos animais, cujos instintos lhe são comuns; pela alma, participa da natureza dos Espíritos.

O laço ou *perispírito*, que prende ao corpo o Espírito, é uma espécie de envoltório semimaterial. A morte é a destruição do invólucro mais grosseiro. O Espírito conserva o segundo, que lhe constitui um corpo etéreo, invisível para nós no estado normal, porém que pode tornar-se acidentalmente visível e mesmo tangível, como sucede no fenômeno das aparições.

* * *

O perispírito estabelece a ligação entre duas naturezas distintas: a espiritual, representada pelo Espírito, o ser pensante, e a natureza material, representada pelo corpo físico, veículo de sua atuação na carne. Sua existência tem sido cogitada desde as culturas mais antigas.

Os hindus o chamavam Kama-rupa.

Os hebreus, nephesch.

Os egípcios, Ka.

Pitágoras falava de "carne sutil das almas".

Aristóteles dizia tratar-se do corpo sutil ou etéreo.

Paracelso, corpo astral.

Mas a imagem mais famosa do perispírito é oferecida por Paulo, na Primeira Epístola aos Coríntios, quando proclama que há corpos terrestres e corpos *celestes*. E explica: "semeia-se o corpo na corrupção e ele ressuscita na incorrupção".

Sepultado o corpo de carne, em decomposição, o Espírito ressurge no corpo perispiritual, que não morre nem se decompõe. Quando os videntes identificam a presença de pessoas conhecidas, já desencarnadas, estão enxergando o "morto" em seu corpo espiritual.

Uma interpretação equivocada das observações de Paulo inspirou a ideia absurda da ressurreição dos corpos, num hipotético "juízo final".

* * *

A fisiologia do perispírito é ainda inacessível à ciência humana, bem como o desdobramento de suas funções e necessidades.

Há algumas informações prestadas pelos Espíritos, dando-nos conta de que o perispírito é extremamente sensível à natureza de nossos pensamentos, de nossas ideias, de nossa maneira de ser, assemelhando-se a um espelho de nossa própria alma.

Espíritos superiores, sábios e santos do Além, apresentam-se belos e luminosos, como que vestidos de luz.

Espíritos inferiores, comprometidos com o mal, parecem vestir-se de sombras, expressão sinistra, escuros, densos, como a visão de um filme de horror.

* * *

Intimamente associado ao corpo físico, quando estamos encarnados, o perispírito tanto o influencia, imprimindo-lhe algo de seus ajustes e desajustes, como pode ser afetado por ele.

Toda agressão que façamos ao veiculo carnal deliberadamente, pelo cultivo de vícios ou por indisciplina, repercutem no organismo perispiritual, debilitando-o e lhe impondo desajustes.

Isto significa que a saúde do perispírito, de fundamental importância para nossa estabilidade íntima, depende não apenas do que fazemos de nossa vida, mas também do que fazemos ao nosso corpo.

O perispírito sintetiza em sua tessitura um substrato de nossas existências anteriores e sempre que reencarnamos imprimimos no novo corpo algo de nossos desajustes passados, qual uma "forma amassada que faz bolos deformados", como ouvimos certa feita de nosso amigo e conhecido expositor espírita, Felipe Salomão.

As leis de genética determinam que tenhamos uma combinação de características hereditárias fornecidas por nossos pais, quanto à cor da pele, dos olhos, dos cabelos, o tipo físico, a altura, a estrutura óssea, o tipo sanguíneo... Mas a "arrumação" desses elementos genéticos, determinando as condições orgânicas, bem como as potencialidades mentais e suas limitações, vai depender das necessidades evolutivas do reencarnante, registradas em seu perispírito.

O suicida carrega graves desajustes perispirituais, correspondentes à natureza da agressão que cometeu contra si mesmo, os quais fatalmente repercutirão na experiência reencarnatória, gerando males que atuarão como "drenos depuradores".

Considerando a rolagem do tempo, desde o momento em que o suicida abate o próprio corpo, o trauma violento, os sofrimentos inenarráveis no Plano Espiritual, o demorado tratamento em organizações socorristas, o planejamento de nova existência, a "drenagem" reencarnatória, podemos calcular que se passarão pelo menos 150 anos até que o desatinado desertor resolva os grandes problemas que criou para si mesmo, ao pretender livrar-se dos pequenos problemas que estava enfrentando.

Nessas dolorosas experiências, ele aprenderá, por lição maior, que perdeu muito tempo, num emaranhado de angústias e sofrimentos que poderia ter evitado.

MATERIALISMO PERICLITANTE

Por que tem o homem,
instintivamente, horror ao nada?
Porque o nada não existe.

Donde nasce, para o homem, o sentimento
instintivo da vida futura?
Já temos dito: antes de encarnar, o Espírito
conhecia todas essas coisas e a alma conserva
vaga lembrança do que sabe e do que viu
no estado espiritual.

Questões n°s 958 e 959

A sobrevivência do Espírito e a continuidade da vida física numa outra dimensão são realidades fixadas indelevelmente na consciência humana, fruto de nossas experiências em encarnações passadas. Algo como um conhecimento esquecido que subsiste na forma de intuição. Por isso rejeitamos instintivamente a ideia de que a vida termina no túmulo.

Mesmo aqueles que eventualmente seguem caminhos de negação, costumam reagir de forma diferente quando se defrontam com a possibilidade da presença dos "mortos" em seu caminho.

A propósito vale lembrar a experiência marcante de Viriato Correia, famoso escritor brasileiro, membro da Academia Brasileira de Letras, homem profundamente culto e inteligente, mas materialista ferrenho, desses que se vangloriam da própria incredulidade.

Em memorável palestra na Federação Espírita Brasileira, em 1941, confessou que, como todo materialista, era muito mais um pretensioso, que enfiara na cabeça a ideia de que um homem superior não podia submeter-se a crenças supersticiosas como a existência de Deus e a imortalidade da Alma.

Ilustrando sua posição de orgulhoso negador que não passava de tolo ignorante, lembrou a história do rapaz que procurou velho padre e, em confissão, disse-lhe que carregava um horrível pecado.

— Fala, filho, fala. Dize o teu pecado, que a misericórdia divina te absolverá.

O rapaz ficou silencioso, como sob o peso formidável de sua culpa.

— Mataste? - perguntou o sacerdote.

— Não.

— Roubaste?

— Também não.

— Profanaste o lar alheio?

— Nunca.

— Mas que pecado é o teu? - interrogou o velho vigário intrigado.

O moço deu um suspiro, um profundo suspiro:

— Padre, o meu pecado é um só, um único, mas um pecado enorme, horrível, colossal.

O rapaz baixou a cabeça, deu outro suspiro e desembuchou:

— Padre, o meu pecado é este: sou orgulhoso como não há ninguém no mundo, orgulhoso como ninguém foi ainda na vida. Vejo tudo abaixo de mim. Os homens, quaisquer que eles sejam, por mais ilustres e por mais cultos, por mais autoridade que tenham, para mim não valem nada; julgo tudo e todos inferiores à minha pessoa. E isso me dói, padre, isso me faz sofrer. É um pecado que me pesa como um fardo. Não é verdade que é um grande pecado?

O vigário sorveu uma pitada, batendo pausadamente a cabeça:

— É, é! O orgulho é um pecado muito feio. Mas vem cá, meu filho, que razão tens tu para todo esse orgulho? És rico?

— Fui sempre pobre, muito pobre - respondeu o moço.

— Mas, naturalmente és de alta estirpe, os teus pais são nobres...

— O meu pai é o açougueiro ali na esquina.

— É que talvez as mulheres por ti suspirem; elas certamente te disputam, como se disputa um tesouro.

— Nunca mulher nenhuma ergueu os olhos para mim.

— Então a razão é outra: é que tens imensa cultura, um grande nome conquistado nas letras ou na ciência.

— Desde que saí da escola primária nunca mais abri um livro.

O padre ergue-se.

Vai, meu filho, vai para casa sossegar. Não tens nenhum pecado. Não és orgulhoso, nunca foste orgulhoso. O que tu és é bobo.

A anedota é feita sob medida para o meu caso. Eu não era materialista nem sabia o que era materialismo. Era apenas um idiota enfeitado de penas de pavão, que vivia a pavonear originalidade à custa das penas alheias...

Viriato narra dois fatos que demonstram a inconsistência de suas convicções.

Um deles ocorreu quando repousava no povoado onde nascera:

Uma noite, a dois quilômetros da minha casa, morreu um velho roceiro que o povoado inteiro estimava. Na roça, a morte de um vizinho é sempre um acontecimento. É dos hábitos ir todo mundo para a casa do finado, fazer o que lá se chama "o quarto de defunto".

Fui, como toda a gente, e lá fiquei até duas da madrugada.

Às duas da madrugada despedi-me para sair. Queria voltar para casa, para ferrar no sono. Quando me despedia, no terreiro, de uns matutos que ali pairavam, um deles me perguntou com interesse:

— Aonde vai?

— Para casa, dormir.

— Sozinho, por esse caminho?

— Por que não? Não sou homem?!

A Maria, uma mulata que me conhecera em menino, disse com voz arrastada, num tom de pouco caso:

— Está aí uma coisa que eu duvido. Vossemecê deixar o defunto estirado no meio da casa e ir embora por esse caminho, sozinho, com um luar branco como esse, hoje, sexta-feira, dia em que as almas andam soltas! Está aí uma coisa que eu duvido e faço pouco. Vossemecê volta!

Senti, de súbito, um choque. Arrepiou-se-me a pele, arrepiaram-se-me os cabelos. Respondi de cara amarrada:

— Serei alguma criança?!

Um sertanejo disse, em galhofa, no meio do terreiro:

— Isso de alma do outro mundo, siá Maria, é para

nós, matutos, que não lemos nos livros. Seu doutor não acredita. Elas não bolem com ele.

— Ele volta – repetiu a Maria, calmamente, a fumar o seu cachimbo.

Parti. Não dei duzentos passos. O luar estava de uma alvura de espuma e sabão. Não há nada mais misterioso que o luar, por noite velha, na roça caindo naqueles caminhos solitários.

Não sei que impressão foi aquela que se apoderou de mim, esfriando-me os ossos, tolhendo-me os pés. Não dei duzentos passos, não dei. Um medo...

É crença no sertão que quem começa um "quarto de defunto" deve terminá-lo, não se deve nunca deixar o cadáver no meio da casa e ir para outro lugar. A alma do finado nos perseguirá pelo caminho.

Mas eu era materialista, senhores; não acreditava, nem podia acreditar em almas do outro mundo.

O que é certo é que não pude dar duzentos passos. A brancura da lua, a solidão da estrada, os galhos e as folhas das árvores espelhando o brilho do luar, o pio das aves noturnas, o vento que ciciava, tudo, tudo me infiltrou uma tal mudança, um tal temor, um frio, uma compressão no peito, uma tonteira na cabeça, que voltei, voltei, senhores, voltei às pressas para a casa do defunto, onde havia gente, muita gente, e gente viva.

Fui recebido pelos roceiros com uma gargalhada de troça.

A Maria, com o seu cachimbo na boca, deliciou-se com o meu fiasco, soltando uma baforada de fumo:

— Eu sabia que ele voltava. Essa gente que estuda é toda assim: da boca pra fora – uma valentia; mas na hora, na hora da coragem – cadê?

Passei a noite inteira envergonhado da minha covardia. Como fora aquilo? Ninguém estava mais escandalizado do que eu próprio. E minhas convicções materialistas e a sinceridade do meu materialismo?

Outro fato arrasador, desta vez envolvendo a existência de Deus, ocorreu numa de suas viagens ao norte do país, no porto de Maceió. Participando de um jantar ele e companheiros de viagem se atrasaram. O navio já estava em manobras.

Relata Viriato:

Procurou-se um escaler. Não havia. Afinal apareceu um, mas o catraieiro não tinha remos.

— Vai-se à vela.

Mas não havia vento. Assim mesmo entramos no barco.

O vento que soprava era um nada que não enchia sequer a vela. O catraieiro fazia esforços sobre-humanos para utilizar-se daquele vago sopro de brisa que passava sutilmente.

A muito custo aproximamo-nos do vapor. Já ele se movia lentamente, em manobras.

O quadro nunca mais se me apagou da memória. Vejo a amurada de bordo cheia de passageiros que saúdam alegremente a nossa aproximação.

— Mandem parar! mandem parar! – gritávamos do escaler.

Mas, nesse instante (aí começou a tragédia) o vento soprou rijamente. A vela se encheu, o barco ganhou impulso e foi colar-se ao alto costado do vapor. Compreendemos todos, num relance, a desgraça aos nossos olhos. Íamos morrer.

Só havia dois remédios: ou afastar o escaler do costado do navio, ou parar o navio. De outra maneira seríamos miseravelmente colhidos, tragados, esmigalhados pelas hélices em rotação.

No escaler éramos oito. Esforços incríveis fizemos para nos afastar do paquete. Era demais para nossas forças.

Lá em cima, na amurada, os passageiros compreenderam, alarmados, a gravidade do perigo. O quadro nunca mais me saiu, em suas mínimas minúcias, da cabeça. Vi muita gente correr loucamente para a ponte do comando, a suplicar aos gritos que parassem o navio.

Segundo a segundo, instante a instante, a desgraça se avolumava na sua iminência.

Senti a trágica aproximação das hélices. Era fatal, irremediável, inevitável a morte...

Aí todo o meu instinto de conservação pulou dentro de mim, acendeu-se-me uma energia desvairada e, numa fúria, numa descarga, em pé, no meio do barco, os braços erguidos, pus-me a clamar, a berrar:

— Pára! pára! pára! pelo amor de Deus! pelo amor de Deus! pelo amor de Deus!

O vapor não parava. Não parou. O comandante, um senhor Pedroso, negou-se a fazê-lo.

E o perigo crescia. Estávamos a dois metros das hélices agitadas. Eu via nitidamente os turbilhões de espumarada rebojando.

A agonia dos passageiros lá em cima era horrível.

Chegavam-me aos ouvidos (que exaltação dos sentidos eu tinha naquele momento!), chegavam-me aos ouvidos gritos, crises nervosas de senhoras.

— Pelo amor de Deus, pára! pára!! – continuava eu a gritar num acesso.

Um jato de água esbate-se-me brutalmente pela cara, sufocando-me. Era a água turbilhonante das hélices, das hélices que nos iam tragar, que nos iam esmigalhar.

Caí no fundo do escaler, desacordado. Não sei o que se passou, não sei. O milagre...

Quando abri os olhos, ouvi claramente a voz do catraieiro, gritando numa vitória:

— Estamos salvos!

Estávamos todos molhados e o barco com água pelo meio.

O navio, esse já ia longe...

Por muito tempo Viriato esteve em briga consigo mesmo, humilhado pela fraqueza de ter chamado por Deus no momento do perigo. Logo ele que era materialista, que se vangloriava de não acreditar em nada...

É sempre assim.

As pessoas se convertem ao materialismo, situando a crença na existência de Deus e na presença dos Espíritos no Universo por vulgares superstições, indignas de sua inteligência.

Mas quando surgem os desafios da Vida e as dores do Mundo, experimentam o esboroamento de suas convicções e, à semelhança de Viriato Correia, apelam para Deus. Como o filho pródigo da parábola evangélica, acabam constatando que não há melhor jeito de viver do que viver ao lado de Deus.

OS CUIDADOS DE DEUS

Com cada homem, pessoalmente, Deus se ocupa?
Não é ele muito grande e nós muito pequeninos para
que cada indivíduo em particular tenha, a seus olhos,
alguma importância?

Deus se ocupa com todos os seres que criou, por mais
pequeninos que sejam. Nada, para a sua bondade, é
destituído de valor.

Questão n° 963

Ao orar, em meus verdes anos, dirigindo-me a Deus, imaginava um idoso senhor, de respeitável barba branca e bondosa expressão, instalado no Céu, a quem me competia reverenciar, garantindo o direito de lhe pedir favores, em frequentes petitórios.

Semelhante ideia tem prevalecido, desde as culturas mais antigas, exprimindo a arraigada tendência humana de conceber uma divindade à sua imagem e semelhança.

O assunto fica complicado na atualidade, quando mais de cinco bilhões de pessoas vivem na Terra. Se observado pela ótica antropomórfica o Criador estaria literalmente soterrado por montanhas de solicitações, como o mais assoberbado burocrata do Universo.

E se lembrarmos que a Terra é insignificante planeta que gira em torno de pequena estrela, na Via Láctea, uma galáxia de mais de cem bilhões de estrelas, onde, segundo estimativas, há pelo menos 100.000 planetas com possibilidade de vida inteligente; se considerarmos, ainda, que há bilhões de galáxias, com trilhões de estrelas, onde há, provavelmente, segundo o astrônomo Carl Sagan, idêntica quantidade de planetas (habitados por espíritos encarnados ou desencarnados, conforme a questão nº 55, de *O Livro dos Espíritos*), então se torna impossível sustentar o deus antropomórfico de nossos ancestrais.

À medida que se ampliam às dimensões do Universo, isto é, à medida que o Homem consegue enxergar mais longe (os grandes radiotelescópios detectam estrelas situadas a 15 bilhões de anos-luz, perto de 141.912.000.000.000.000.000.000 de quilômetros de distância!), somos forçados a superar a acanhadíssima concepção de um soberano instalado num trono celeste, para reconhecer em Deus a consciência cósmica do Universo, o Criador que tudo vê, tudo sabe, tudo pode.

* * *

É fácil provar a existência de Deus, a partir da observação do Universo, um efeito infinitamente mais inteligente do que o poderia conceber a mais sofisticada inteligência humana. Neste aspecto, o ônus da prova de que Deus não existe ficará sempre por conta dos negadores, com a obrigação de explicar o Universo sem o poder criador que o concebeu e sustenta.

Podemos imaginar, também, os atributos de Deus, como faz Kardec, em *O Livro dos Espíritos*, ao expor as razões pelas quais necessariamente é eterno, imutável, imaterial, único, onipotente e soberanamente justo e bom.

Quanto ao modus operante de Deus fica difícil avançar, não que nos seja proibido, mas por absoluta incapacidade. Não temos desenvolvimento moral e intelectual suficientes para isso.

Jesus, o Espírito mais perfeito que transitou pela Terra, que mais do que ninguém tinha condições para um entendimento perfeito do assunto, limitou-se a ensinar o fundamental: devemos reconhecer em Deus o nosso pai, infinitamente justo e misericordioso, que trabalha incessantemente pela felicidade de seus filhos.

Em "O Sermão da Montanha", o Mestre informa o empenho de renovação a que somos convocados para que, muito mais que identificar a presença de Deus, possamos senti-la em plenitude, ao proclamar: "bem aventurados os que têm limpo o coração, porque verão a Deus."

* * *

Não obstante nossas limitações, podemos conjecturar sobre a ação da Providência Divina em nosso benefício, a partir da ideia de que somos perfectíveis, segundo nos ensina a Doutrina Espírita, isto é, somos destinados à perfeição.

Criados à imagem e semelhança de Deus, conforme o simbolismo bíblico, o poder criador é a característica fundamental de nossa personalidade. Exercitando-o, temos a liberdade de escolher nossos caminhos, mas somos disciplinados pela perfectibilidade, isto é, pela obrigação de evoluir, sob a tutela de irresistível vocação para o Bem, que igualmente identifica nossa filiação divina.

Sempre que nos desviamos, por ignorância ou incúria, há em nós mecanismos retificadores que se manifestam com o concurso da dor, tanto mais severos quanto mais ampla a nossa capacidade de distinguir entre o bem e o mal, entre o que devemos e o que não devemos fazer.

Quando, contrariando a vontade de Deus e a nossa própria condição de seus filhos, incorremos na maldade, é como se batêssemos em nós mesmos, gerando desajustes em nosso Espírito, como alguém que se machuca ao agredir uma pessoa.

* * *

Submetidos as leis divinas que vigem na intimidade de nossa consciência, corrigindo nossos impulsos com o concurso da dor, seria desejável que pudéssemos conhecê-las, renovando-nos pelo conhecimento para que não sejamos compulsoriamente renovados sob o guante da dor.

Deus não nos desampara nesse mister, oferecendo-nos preciosas orientações, à medida que desenvolvemos a capacidade de compreender os regulamentos celestes.

Em todos os tempos, Espíritos com avantajado potencial de conhecimentos e experiências transitam pela Terra, em vivências missionárias, situando-se adiante de seu tempo para ajudar o Homem a avançar mais depressa nos domínios do conhecimento.

Nesse aspecto, podemos destacar três momentos históricos, com verdades universais progressivamente reveladas:

O primeiro foi quando Moisés, no Monte Sinai, recebeu da Espiritualidade Maior a Tábua dos Dez Mandamentos que, em síntese, ensina o que o Homem não deve fazer – não matar, não roubar, não mentir, não cometer adultério, não cobiçar nada do próximo. Fundamentava-se, assim, a justiça humana, com o princípio básico de que nossos direitos terminam onde começam os direitos do semelhante.

O segundo momento foi quando Jesus ensinou que não basta evitar o mal. É indispensável praticar o bem, porquanto é com ele que nos realizamos como filhos de Deus, que espera pela bondade humana para que possa edificar seu reino na Terra.

O terceiro momento ocorreu com o Espiritismo que, mostrando-nos a vida além das fronteiras da morte, permite-nos observar o majestoso funcionamento das leis divinas, na condução dos destinos humanos, a nos conscientizar de que muito mais do que simples virtude, o esforço do bem se impõe por necessidade imperiosa em favor de nosso progresso.

Aplicando-nos no aprendizado desses princípios universais aprendemos que Deus está sempre presente e, em sua bondade, ocupa-se de todos os seus filhos, indistintamente, sem que nada do que façam ou necessitam seja, a seus olhos, destituído de importância.

Mas é no exercício dessa mesma bondade que adquirimos condições para sentir e valorizar os cuidados de Deus.

AS DORES DO INFERNO

Têm alguma coisa de material as penas
e gozos da alma depois da morte?

Não podem ser materiais, di-lo o bom senso, pois que a
alma não é matéria. Nada têm de carnal essas penas
e esses gozos; entretanto, são mil vezes mais vivos do que
os que experimentais na Terra, porque o Espírito, uma vez
liberto, é mais impressionável. Então, já
a matéria não lhe embota as sensações.

Questão n° 965

Os Evangelhos fazem referência à Geena, vale situado ao sul de Jerusalém, onde outrora eram oferecidos sacrifícios ao deus Moloch. Superada essa prática pagã, o local se convertera numa espécie de lixão, onde se queimavam os cadáveres de criminosos, carcaças de animais e outros detritos.

Jesus dizia, em suas pregações, que a alma culpada sofreria tormentos por suas culpas, depurando-se como o lixo queimado na Geena.

Os teólogos medievais, interpretando o ensinamento ao pé da letra, e dando asas à imaginação, conceberam a existência do inferno, como uma geena de fogo localizada no interior da Terra, onde as almas condenadas ardem em chamas eternas, sem jamais se consumir, em irremissível sofrimento, ideia que até hoje aterroriza as pessoas simples.

Qualquer estudioso de bom senso sabe que a Geena deve ser considerada um simbolismo. Vivendo no plano espiritual as almas não podem experimentar tormentos pirogênicos decorrentes de supostas chamas etéreas onde não há elementos materiais de combustão. Seu sofrimento, necessariamente, é moral. Assim como o Céu, o inferno é um estado de consciência e não um local geográfico.

* * *

Quem já sentiu a angústia do arrependimento mais intenso, por uma falta cometida, tem pálida ideia do que é o sofrimento dos Espíritos culpados, muito mais intenso na Espiritualidade, onde não há as limitações impostas pelo corpo físico, nem as ilusões da existência material, que embotam as percepções e anestesiam a consciência.

O Espírito comprometido com o mal mergulha, ao desencarnar, num torvelinho de emoções e reminiscências relacionados com suas faltas, experimentando sofrimentos morais tão intensos que não há nada que se lhes compare na Terra.

Há aqueles que, inteligentes, de grande força mental, evoluídos intelectualmente, subdesenvolvidos moralmente, conseguem neutralizar os reclamos da consciência, exercitando relativa mobilidade, chegando mesmo a se organizarem em imensas falanges que, em contato com os homens, exploram-lhes as fraquezas. A fantasia teológica situa-os como demônios, anjos caídos, rebelados contra Deus e devotados ao mal eterno.

Na verdade, são apenas filhos transviados do Pai Celeste, criados para o bem, como todos nós, e ainda que tardem em reconhecê-lo, sofrem as consequências de sua contradição, incapazes de viver em plenitude, atormentados por dúvidas e inquietações, como se no mais recôndito de seus corações algo lhes dissesse que suas iniciativas estão equivocadas e que chegará o momento em que terão de voltar aos caminhos divinos, dilacerando-se nos espinhos que semearam ao longo de seus desvios.

* * *

Não obstante sua intensidade, compatível com a natureza do mal praticado, os sofrimentos experimentados pela alma culpada, ao despertar da consciência, não são redentores. Representam apenas o início de um processo de redenção, que somente se consumará quando reconciliar-se com aqueles que prejudicou, compensando-os pelos males causados.

Se quebro a vitrina de uma loja com valente chute, posso ferir-me, seccionar um músculo, habilitar-me a delicada cirurgia e a desagradável imobilização por algum tempo. Mas isso não resgatará o meu débito. Há o prejuízo causado. Posso ser confinado à prisão por isso. Não obstante, o juiz poderá fazer melhor, impondo sanções educativas. Serei condenado a trabalhar durante algum tempo para o comerciante prejudicado, resgatando o meu débito com o serviço prestado. Isso me ensinará a respeitar os patrimônios alheios.

Temos aí um exemplo bem objetivo do funcionamento da Justiça Divina. Sofremos sempre as consequências dos prejuízos morais e materiais que causamos a alguém, como quem se machuca ao agredir uma pessoa, padecendo os tormentos da consciência culpada. Mas somente nos redimimos quando buscamos a reconciliação com nossas vítimas, ressarcindo nossos débitos com elas.

No livro *Ação e Reação*, psicografia de Francisco Cândido Xavier, o Espírito André Luiz realiza um estudo notável do funcionamento da Lei de Causa e Efeito, em que somos chamados a responder por todos os males causados ao semelhante, desfazendo complicados "nós" que comprometem o fio de nosso destino.

Num dos exemplos, o autor se reporta à experiência

de um homem que assassinou friamente seus dois irmãos, simulando um acidente de barco onde ambos pereceram afogados, com o propósito de apropriar-se da herança paterna inteiramente para si. Crime perfeito, sob o ponto de vista humano. Ninguém desconfiou de nada. A justiça humana foi enganada. Jamais, entretanto, poderia fazê-lo em relação à Justiça Divina. Após inúmeras peripécias, vários anos depois, já desencarnado, sofrendo tormentos inenarráveis, o criminoso foi acolhido numa organização socorrista, em que mentores amigos planejaram para ele uma nova existência, com o propósito de resgate de suas culpas.

Ele reencarnaria como filho de seu filho, neto de si mesmo, competindo-lhe, quando adulto, receber os dois irmãos assassinados na condição de pai. Dessa forma, restituir-lhes-ia os dois bens que lhes roubara: a vida e a herança.

* * *

Situações assim ocorrem com frequência, estabelecendo o confronto entre algozes e vítimas, no recesso do lar, ligados pelo sangue. Aqueles que prejudicamos no passado retornam a nós na condição de familiares, a fim de que nos harmonizemos, resgatando nossos débitos.

Daí os problemas que surgem envolvendo pais e filhos, irmãos e irmãs, marido e mulher, porquanto, embora as bênçãos do esquecimento e os laços da consanguinidade, persistem, inconscientemente, as mágoas do passado. Daí a ausência de afinidade, as discussões, os desentendimentos, que somente à custa de humildade e sacrifício conseguiremos superar.

Experiências dessa natureza, por mais penosas pareçam, são indispensáveis em favor de nossa paz. O passado pesa sobre nossos ombros, acutilando-nos a consciência e comprimindo nosso coração. Na Terra ou no Além, jamais seremos felizes em plenitude, enquanto não estivermos plenamente quitados com a Justiça Divina, resgatando nossos débitos com o semelhante.

AS ALEGRIAS DO CÉU

Em que consiste a felicidade dos bons Espíritos?

Em conhecerem todas as coisas; em não sentirem ódio, nem ciúme, nem inveja, nem ambição, nem qualquer das paixões que ocasionam a desgraça dos homens. O amor que os une é fonte de suprema felicidade. Não experimentam as necessidades nem os sofrimentos, nem as angústias da vida material.
São felizes pelo bem que fazem...

Questão nº. 967

Inquestionavelmente, a suprema aspiração humana é a felicidade.

O problema é que, em face de nossas limitações morais e intelectuais, equivocamo-nos com frequência e a procuramos nos lugares errados, perdendo tempo e mergulhando em desequilíbrios que, por sua vez, exigem longo tempo para serem debelados.

O exemplo mais marcante a respeito do assunto está nas drogas, que fazem breve céu artificial, invariavelmente sucedido por infernal dependência.

Ganharíamos tempo se observássemos a experiência dos Espíritos Superiores, buscando nos valores que caracterizam sua felicidade um roteiro para que possamos realizá-la em nós mesmos.

* * *

Os Espíritos Superiores *conhecem todas as coisas*, isto é, têm conhecimento das realidades universais.

Jesus ensinava que a verdade é libertadora: "Conhecereis a verdade e a verdade vos libertará" João 8,32. Essa liberdade não está relacionada com a faculdade de ir e vir, onde estivermos, mas a uma espécie de emancipação interior, livrando-nos de superstições, dúvidas, temores, incertezas, que nos oprimem muito mais do que as grades de uma prisão.

O homem primitivo se apavorava com a tempestade, o trovão, o raio, o fogo, que para ele eram deuses terríveis e ameaçadores. À medida que avançou em conhecimento, aprendeu a ver neles apenas manifestações da Natureza, próprias do mundo em que vivemos, livrando-se de seus temores.

Nos tempos bíblicos, a mulher carregava um fardo terrível – o da impureza, sempre que experimentava o ciclo menstrual, findo o qual era obrigada a passar por rituais de purificação que envolviam o sacrifício de pequenas aves. O conhecimento de que a menstruação é uma manifestação natural, relacionada com a procriação, libertou-a dessa humilhação.

A morte tem sido o grande espantalho das criaturas humanas, gerando temores e angústias para os que se avizinham dela e desequilíbrios e perturbações para seus familiares. O Espiritismo desmistifica a morte, situando-a como simples porta de retorno à pátria espiritual, ajudando-nos a enfrentá-la com naturalidade, sem temores desajustantes, sem inconformações perturbadoras.

O empenho por alargarmos os horizontes, buscando compreender os mecanismos da vida e decifrar os enigmas do Universo, enriquece nossa personalidade, habilitando-nos a viver melhor, mais intensamente, mais proveitosamente.

E se longe estamos de conhecer em plenitude as realidades universais, o empenho por trabalharmos nesse sentido nos estimula, fortalece, proporcionando a alegria do aprendizado. É como se sorvêssemos um maravilhoso tônico de vitalidade, lucidez e equilíbrio.

* * *

Os Espíritos Superiores *não sentem ódio, nem ciúmes, nem inveja, nem ambição, nem qualquer das paixões que ocasionam a desgraça dos homens.*

O mais grave problema humano, no estágio de evolução em que nos encontramos, é o egoísmo, a pretensão egocêntrica de que as situações e as pessoas gravitem em torno de nossos interesses e desejos. A paixão é um exacerbamento do egoísmo, a manifestar-se de várias formas:

No ódio, quando nos causam prejuízos e contrariedades.

No ciúme, quando sentimos ameaçada a posse exclusiva sobre nossos afetos.

Na inveja, quando alguém, no círculo de nossas relações, destaca-se pela sua beleza, pelos seus bens materiais, pela sua inteligência e cultura e até por suas virtudes.

Na ambição, quando nos empolgamos pela possibilidade de desfrutar de prestígio, riqueza ou poder, movidos pelo propósito de exaltação do próprio ego.

Péssima conselheira, a paixão induz a perturbadoras iniciativas, como a agressividade, a violência, a intriga, a calúnia, a mentira, a desonestidade, que podem render satisfação no presente, mas, invariavelmente, geram frustrações e angústias no futuro.

O recurso mais eficiente para eliminar os impulsos passionais é a reflexão, o empenho por analisarmos detidamente nossas motivações existenciais, nossa maneira de ser, evitando as atitudes impulsivas. É preciso pensar muito para agir depois, tendo por orientação suprema a recomendação de Jesus: estender ao semelhante todo o bem que gostaríamos de receber dele.

* * *

O amor que une os Espíritos Superiores *lhes é fonte de suprema felicidade.*

O Homem é um ser social por excelência, criado para conviver com seres da mesma espécie. Os meios de comunicação de que dispõe, pela palavra, foram-lhe outorgados para a vida em sociedade. Seu próprio desenvolvimento moral, intelectual e espiritual está subordinado a essa convivência.

Natural, portanto, que busquemos associações que atendam nossa sociabilidade, envolvendo família, profissão, cultura, esporte, religião, arte...

Todavia, contrapondo-se à necessidade de convivência, enfrentamos, no atual estágio evolutivo, a dificuldade de conviver. Agrupemos pessoas em qualquer associação e logo surgirão problemas de relacionamento que conturbam o ambiente, que geram o desentendimento e a discórdia, precipitando, não raro, a dissolução dos vínculos de afetividade, de amizade, de coleguismo.

Talvez o problema tenha sua origem no fato de que as pessoas se reúnem para determinados empreendimentos sem estarem efetivamente unidas.

Para estarmos juntos basta que tenhamos objetivos e motivações semelhantes.

Forma-se um grupo.

Seus objetivos:

Atender migrantes num albergue.

Oferecer refeições a crianças carentes.

Socorrer famílias pobres.

Cultivar o intercâmbio com o Além.

Suas motivações:

Fazer algo que justifique sua condição de espíritas.

Praticar a caridade para merecer a ajuda dos bons Espíritos.

Superar os próprios problemas existenciais, cuidando de alheios problemas.

Entretanto, não será fácil perseverarem no serviço. Com a convivência, logo surgirão desentendimentos, atritos, discussões – e o grupo periclitará.

Juntos, mas não unidos.

Assim como ocorre com as comunidades de Espíritos Superiores, no Além, o amor é o elemento indispensável, capaz de promover e sustentar a verdadeira união.

Não se trata simplesmente de amor entre os elementos do grupo, mera decorrência de outro amor, este muito mais importante, indispensável mesmo: o amor pelo trabalho que estão realizando.

Não tem sentido imaginar os Espíritos Superiores compondo paraísos estanques, isolados da Criação. Por isso, o amor que os une, basicamente, é o amor dos que olham na mesma direção, trilhando os mesmos caminhos de aperfeiçoamento, sempre mais unidos, à medida que mais se empenham na vivência de seus ideais, servindo sempre.

Assim como no Céu, todas as associações humanas sustentadas pelo amor à Arte, à Cultura, à Sabedoria, ao Bem, fundem-se em uniões duradouras e produtivas, sustentando-se mutuamente seus membros para gloriosas realizações em favor da Humanidade.

* * *

Os Espíritos Superiores *não experimentam as necessidades, nem os sofrimentos, nem as angústias da vida material.*

Impossível nos isentarmos dessas três contingências, próprias de um planeta de expiação e provas como a Terra. Não obstante, podemos minimizá-las, a partir de uma compreensão mais ampla do que representam.

As *necessidades se* relacionam particularmente com nosso corpo que, como delicada máquina de peças vivas, pede cuidados de manutenção, preservação e reparação que exigem esforço de nossa parte para adquirir os recursos adequados. Com isso habilitamo-nos à valiosa disciplina do trabalho.

Com o mérito de resgatar-nos da inércia, não nos causarão maiores aborrecimentos, desde que não cometamos o engano de sofisticá-las ou supervalorizá-las, como ocorre com muita gente que persegue "necessidades desnecessárias".

João de Deus, em singelo e sábio verso, oferece-nos a fórmula ideal:

> Não vos peço a miséria aborrecida,
> Nem tamanha riqueza que me tente;
> Dai-me, Senhor, o necessário à Vida,
> Serei contente.

* * *

Os *sofrimentos* dizem respeito, em grande parte, à dor física. Originam-se nos desgastes do corpo, que se manifestam na forma de enfermidades e limitações.

Uma interpretação equivocada da Lei de Causa e Efeito induz-nos a encarar esses problemas como consequência do mal praticado em existências anteriores. No entanto, à medida que evoluem os conhecimentos da ciência médica se constata que nossos achaques mais frequentes não se relacionam com os deslizes do passado e, sim, com as inconsequências do presente.

Na vida sedentária, na ausência de exercícios, nos excessos à mesa, nos vícios, nas noites mal dormidas, estão as origens de muitos problemas de saúde que nos afligem, impondo-se sofrimentos que poderiam ser evitados.

Isto significa que com um pouco de disciplina, atentos aos cuidados com a máquina física, teremos grandes chances de atravessar uma existência saudável.

* * *

As *angustias se* situam como dores morais e também não podem ser atribuídas exclusivamente a situações cármicas.

Inegavelmente os deslizes do passado pesam sobre nossos ombros, impondo-nos longas inquietações, até que resgatemos nossos débitos e reparemos o mal praticado.

Entretanto, entre não ser perfeitamente tranquilo e ser decididamente angustiado há enorme distância, tão grande quanto a que separa a penumbra da escuridão total.

Isso ocorre quando cultivamos ressentimentos, mágoas, rancores, revolta, desespero, recusando-nos a aceitar as experiências e as situações que a Vida nos reserva em favor de nossa redenção.

Assim, angústia é como casa no escuro. Se acendemos no coração luzes de bom ânimo e confiança em Deus ela logo se retrai.

* * *

Os Espíritos Superiores são felizes *pelo bem que fazem*. As concepções teológicas medievais descrevem o Céu como um lugar de beatitude, onde as almas eleitas se desvanecem em contemplação eterna.

Segundo Tomás de Aquino, na famosa Súmula Teológica, Deus lhes facultava a visão das almas culpadas, sofrendo nas profundezas do Inferno o resultado de suas faltas, a fim de proporcionar-lhes sádica satisfação que lembra o comportamento de multidões ululantes, na Idade Média, que se divertiam vendo a execução de condenados.

O Espiritismo oferece-nos uma visão mais objetiva da situação dos Espíritos redimidos. Jamais inativos, plenamente integrados na vida universal, atuam como prepostos de Deus, cumprindo-lhe a vontade soberana e justa.

"Meu Pai trabalha desde sempre e eu também" – proclama Jesus (João 5,17). Filhos de Deus somos dotados de potencialidades criadoras que precisam ser exercitadas permanentemente e tanto mais felizes seremos quanto maior o nosso empenho em cultivar os valores da

Verdade e do Bem, da Justiça e da Sabedoria, do Amor e da Caridade, fazendo sempre o melhor.

Os que assim fazem, superando a tendência de procurar um insustentável céu egoístico, acabam descobrindo o céu em seus próprios corações.

O ROSTO É DOS OUTROS

Há pessoas cuja vida se escoa em perfeita calma; que, nada precisando fazer por si mesmas, se conservam isentas de cuidados. Provará essa existência ditosa que elas nada têm que expiar de existência anterior?

Conheces muitas dessas pessoas? Enganas-te, se pensas que as há em grande número. Não raro, a calma é apenas aparente. Talvez elas tenham escolhido tal existência, mas, quando a deixam, percebem que não lhes serviu para progredirem. Então, como o preguiçoso, lamentam o tempo perdido...

Questão n° 988

Lição básica, em Espiritismo, ensina que, num planeta de expiação e provas como a Terra, escola das primeiras letras no aprendizado das Leis Divinas, a grande alavanca evolutiva, que nos desloca do imobilismo egoístico para a dinâmica da fraternidade, é o sofrimento.

Assim, somente por exceção encontraremos alguém cuja existência flui tranquila, alheio às dores do Mundo, algo tão inusitado, tão estranho, que é como se não estivesse vivo, conforme exprime admiravelmente Francisco Otaviano:

> Quem passou pela vida em branca nuvem
> E em plácido repouso adormeceu;
> Quem não sentiu o frio da desgraça,
> Quem passou pela vida e não sofreu;
> Foi espectro de homem, não foi homem,
> Passou pela vida, não viveu.

* * *

O que nos leva a supor que há pessoas sem problemas, cuja existência semelha-se a um mar de rosas, é o fato de carregarem o fardo de suas dores mansamente, sem lamentações nem desânimo, demonstrando muito valor e determinação.

Ensina a sabedoria popular que o coração é nosso, mas o rosto é dos outros. Imperioso conservar o bom ânimo, a disposição de sorrir, a expressão suavizada por irrestrita confiança em Deus, porquanto ninguém se edifica nem se anima diante de um cenho carregado, como *outdoor* de mau gosto fazendo propaganda da infelicidade. Segundo a expressão bem-humorada de uma freira, a pessoa amargurada é uma obra prima do demônio: ninguém se sente feliz a seu lado.

Curiosa pesquisa demonstrou que a expressão facial, que geralmente reflete nossas emoções, pode deixar de ser efeito para transformar-se em causa. Voluntários que, a título de experiência, conservaram expressão sombria, em pouco tempo sentiram tristeza e mau humor.

Há quem alegue dificuldade em manter o sorriso, reclamando que seus males excedem o razoável. Evidentemente, sempre nos parecerá mais fácil enfrentar a adversidade sendo rico com saúde a ser pobre e tuberculoso...

Consideremos, entretanto, que as dores do Mundo não são distribuídas aleatoriamente, como uma loteria de desgraças, com "prêmios" maiores ou menores. O montante dos problemas cármicos que enfrentamos diz respeito não apenas às nossas necessidades evolutivas, mas também, à nossa capacidade de solucioná-los. Inconcebível que Deus nos imponha situações insuportáveis, uma cruz que não possamos carregar.

* * *

Um ótimo recurso para desanuviar a mente e suavizar o rosto, até mesmo para evitar rugas precoces e perturbadoras tristezas, é a conversa com o espelho. Parecer-nos-á risível a carantonha amargurada, se nos dispusermos a um questionamento franco e severo com a imagem refletida, como quem passa um pito em si mesmo:

— Coitadinho! Tão infeliz! Estão judiando do filhinho da mamãe! Qual o quê! Você devia ter vergonha na cara! Há milhões de pessoas em situação pior e nem por isso estão "brigadas com a Humanidade". Tome jeito, rapaz! Pare com isso! Não contamine o ambiente com suas indébitas amarguras! Experimente sorrir!

Um homem de ânimo forte, desses que enfrentam as situações mais difíceis fazendo blague, teve grave problema circulatório que culminou com a amputação de uma perna. Algum tempo depois se manifestou o mesmo mal na outra perna, que foi também amputada. Após a segunda cirurgia, tão logo despertou da anestesia, o médico perguntou-lhe:

— Então, como se sente?

— Bem, Doutor, mas há um probleminha que será difícil solucionar.

— Fale. Farei o que for possível.

— Creio que nem o senhor poderá me ajudar. É que sem as pernas não sei mais *em que pé* está à situação...

Quem consegue rir dos próprios males jamais será infeliz.

Neste aspecto, o grande campeão foi Jerônimo Mendonça, o valoroso tarefeiro espírita de Ituiutaba.

Quadriplégico e cego, impossibilitado de mexer um único dedo, preso ao leito adaptado, misto de poltrona, de onde nunca saía, jamais esteve inativo.

Ditando livros, pregando a Doutrina Espírita, cantando as bênçãos do Evangelho, dirigindo obras assistenciais, viajando por inúmeros Estados, a exaltar sempre os valores da alegria e do bom ânimo, transformou-se em exemplo marcante das inesgotáveis potencialidades do Espírito Humano, quando decidido a enfrentar a adversidade sem jamais render-se à tristeza e ao desalento.

Perguntaram-lhe, numa entrevista, o que era a felicidade.

— Bem, para mim que estou deitado de costas há anos, preso ao leito, sem me mexer, a felicidade seria deitar de bruços.

Após comparecer a uma apresentação de Roberto Carlos, comentou com o cantor, de quem era amigo:

— Você foi muito aplaudido, mas eu fiz mais sucesso: saí carregado!

* * *

No livro *A Cura Pelo Poder do Riso*, o Doutor Raymond Mood Junior explica que o cultivo da alegria é um excelente recurso terapêutico. Segundo ele, experiências demonstram que a apresentação de humoristas em hospitais tem resultados surpreendentes em favor da recuperação dos pacientes.

Isso não é novidade. A sabedoria popular ensina que uma boa gargalhada desopila o fígado. O bom humor é um elixir maravilhoso que ameniza as agruras da existência e favorece a saúde.

* * *

Um homem cheio de problemas se refugiou na sombria furna da alienação mental. Incapaz de enfrentar os percalços existenciais assumiu, em sua fantasia, a ideia de que era Deus. Um deus agressivo e autoritário que acabou internado em clínica para doentes mentais.

O psicanalista, na primeira entrevista, perguntou-lhe:

— Vamos tentar definir a origem de seus problemas. Diga-me como tudo começou:

O paciente, sem pestanejar, respondeu:

— Bem, no princípio criei o céu e a terra...

Pacientes assim, que perderam a capacidade de enxergar a realidade, não têm condições para achar graça em coisa alguma. Tornam-se eles próprios uma anedota.

Antes que atinjamos semelhante estágio, em face de contrariedades e dissabores, podemos perfeitamente preservar a própria sanidade, aliviando tensões desajustantes e emoções perturbadoras, com pitadas de bom humor e exercícios de otimismo e serenidade.

O ideal seria o cultivo de uma atitude filosófica, o empenho por encararmos a realidade sob a ótica da reflexão.

Xantipa, esposa de Sócrates, era uma mulher de gênio terrível, dessas que fazem qualquer mortal arrepender-se do casamento. Há quem diga que ele tinha duas opções: tornar-se filósofo ou matar a mulher. Felizmente optou pela primeira e a Humanidade ganhou um de seus grandes pensadores, o pai da Filosofia.

Quando foi preso e condenado à morte, sob a alegação de que corrompia os jovens, apenas porque os ensinava a pensar, Xantipa não se conformava:

— Não aceito isso, Sócrates. Os juízes não podiam condená-lo!

O filósofo respondeu, calmamente:

— Não te preocupes. Eles também estão condenados. Morrerão um dia...

— Mas és inocente!

E ele, inesquecível:

— Preferirias que eu fosse culpado?

* * *

Se o olhar vai além das humanas limitações, buscando o Infinito, o coração nunca se perturba.

O ÚNICO PECADO

Será necessário que professemos o Espiritismo e creiamos nas manifestações espíritas, para termos assegurada a nossa sorte na vida futura?

Se assim fosse, seguir-se-ia que estariam deserdados todos os que não creem, ou que não tiveram ensejo de esclarecer-se, o que seria absurdo. Só o bem assegura a sorte futura. Ora, o bem é sempre o bem, qualquer que seja o caminho que a ele conduza.

Questão n° 982

— Mamãe, quero ser batizado.

— Por que, meu filho?

— Meus amiguinhos, na escola, dizem que irei para o Inferno.

Diálogos assim exprimem as dificuldades de crianças cujos pais participam de movimentos religiosos onde não há o batismo que, segundo a orientação ortodoxa, promove nossa reconciliação com Deus, após uma briga que não foi nossa.

Os culpados teriam sido Adão e Eva, expulsos do paraíso por cometerem o pecado da desobediência. Sua culpa, como se fora infalível mácula genética, transmitir-se-ia, desde então, a todos os descendentes do mitológico casal, impedidos de uma comunhão plena com Deus até que se submetam às virtudes mágicas daquele ritual.

O batismo foi durante muitos séculos um dos instrumentos de afirmação do catolicismo, a impor como axioma um lamentável equívoco dogmático: "Fora da Igreja não há salvação".

Qualquer pessoa medianamente informada sabe que semelhante concepção teológica é uma aberração, porquanto bilhões de seres humanos têm transitado pela Terra, ao longo dos séculos, sem nenhuma notícia a respeito do assunto, sem nenhum esclarecimento quanto às supostas propriedades redentoras da pia batismal.

Nada disso encontra respaldo nas lições de Jesus, que ensinava: "A cada um segundo suas obras" (Mateus 16,27), estabelecendo o princípio da responsabilidade individual.

Não nos pedirão contas, na Espiritualidade, da religião que professamos, e muito menos dos rituais a que nos submetemos. Pesará, na avaliação de nossa existência, apenas o conteúdo de nossas ações, considerando-se que tanto mais se exigirá quanto mais ampla a nossa noção do bem e do mal, do certo e do errado, do que devemos ou não fazer.

* * *

A pretensão de deter o monopólio da verdade e o endereço da salvação caracterizam as religiões de um modo geral, originando preconceitos execráveis e absurdas discriminações que não raro desembocam em lutas fratricidas, como se o objetivo da religião fosse à guerra, não a paz; a discórdia, não o entendimento; o ódio, não o amor.

Maomé, o fundador do Islamismo, encarna bem essa tendência, estabelecendo que os adeptos de outras religiões deviam ser convertidos ou eliminados, na aplicação do terrível "crê ou morre". Ainda hoje, muçulmanos exaltados defendem uma revolução islâmica armada, uma guerra sem tréguas aos "infiéis".

Os reis cristãos da Europa medieval não fizeram por menos, disparando as famigeradas cruzadas em que, a pretexto de libertar o solo sagrado da Palestina, em poder dos árabes, converteram o Cristianismo em bandeira de guerra e a figura augusta do Cristo em inspiração da violência e da morte.

Jesus enfrentou problemas semelhantes com seus próprios compatriotas, um povo fanático que alimentava a pretensão de ter sido escolhido por Deus para elevar-se ao domínio das nações. E acabou sendo sacrificado porque pregava a revolucionária ideia de que aos olhos do Criador a importância de um homem não está em sua nacionalidade ou na crença que professa, mas na quantidade de benefícios que seja capaz de prestar ao próximo.

* * *

O Espiritismo oferece uma visão muito objetiva a respeito destas questões, a começar pela palavra "salvação", que em seu sentido escatológico, de consequências finais, tradicionalmente sugere a absurda ideia de que há almas que se perdem, condenadas a irremissível sofrimento, o que contraria frontalmente os atributos divinos.

Sendo Onisciente – tudo sabendo do presente, passado e futuro – porque consumaria Deus a criação de um Espírito, sabendo que iria perder-se?

Como considerá-lo Onipotente, se não consegue impedir que seus filhos se percam irremediavelmente?

Infinitamente misericordioso, não deveria o Criador conceder infinitas oportunidades de reabilitação às criaturas transviadas?

Por isso, superando o abominável sectarismo que divide as religiões, Kardec desfraldou como bandeira da Doutrina Espírita um princípio universalista: "Fora da caridade não há salvação".

A Deus não importa que religião professamos. Nosso Pai espera apenas que nos comportemos como seus filhos, reconhecendo que a fraternidade (parentesco de irmãos), impõe o dever elementar de nos ajudarmos uns aos outros, sem o que jamais estaremos "salvos" de desentendimentos, brigas, violências, explorações, desequilíbrios, frustrações e muitos outros problemas que fazem à infelicidade humana.

* * *

Discute-se nos círculos religiosos quais os pecados mais danosos, capazes de prejudicar a perdição humana. A tradição teológica chega a enumerar os "capitais": orgulho, avareza, luxúria, gula, ira, inveja e preguiça.

Na verdade, só há um pecado, no sentido de transgressão, de descumprimento da vontade de Deus: a *falta de amor* ou, mais exatamente, o amor voltado para nós mesmos, na exaltação do egoísmo.

Tudo o mais, todos os nossos comprometimentos com o mal, nascem desse pecado original, desse amor retido, desse amor fechado em si mesmo, que nega sua própria vocação – doar-se; que contraria sua gloriosa finalidade – estabelecer a comunhão entre os filhos de Deus.

A caridade nos salva dessa suprema contradição, ajudando-nos a libertar o amor para que o amor nos redima.

O DESPERTAR DA CONSCIÊNCIA

O arrependimento se dá no estado corporal ou no estado espiritual?

No estado espiritual; mas, também pode ocorrer no estado corporal, quando bem compreendas a diferença entre o bem e o mal.

Questão nº. 990

Podemos definir o arrependimento como a consciência de que fizemos algo errado, de que prejudicamos alguém ou a nós mesmos.

Implica dor moral tão profunda quanto à natureza de nossas faltas e o grau de nossa maturidade. Quanto mais evoluído, mais sofre o Espírito, ao avaliar a extensão dos prejuízos que causou a si mesmo ou ao semelhante.

Pode ocorrer na Terra, pelo exercício da razão. Exemplo típico: o indivíduo que parte para a violência em face de determinada contrariedade.

O marido traído, que mata a esposa.

A mãe que fere a criança ao castigá-la.

Depois o lamento:

— Ah! Meu Deus! Por que não me controlei!

Mais frequentemente o arrependimento eclode no Plano Espiritual, quando o Espírito se defronta com sofrimentos e desajustes decorrentes de suas iniciativas desatinadas.

No livro *Nosso Lar*, psicografia de Francisco Cândido Xavier, o Espírito André Luiz, após reportar-se a dolorosas surpresas, em face de seu comprometimento com a inconsequência nas lides humanas, faz dramático apelo:

Oh! Amigos da Terra! Quantos de vós podereis evitar o caminho da amargura com o preparo dos campos interiores do coração? Acendei vossas luzes antes de atravessar a grande sombra. Buscai a verdade antes que a verdade vos surpreenda. Suai agora para não chorardes depois.

* * *

O arrependimento não redime. É apenas o primeiro passo na árdua jornada da reabilitação, em favor da qual não bastam penitências, ritos ou rezas. É de fundamental importância que o mal seja reparado.

Por isso, para os Espíritos mais amadurecidos, o arrependimento é sempre marcado por profundas transformações, a caminho de grandiosas realizações.

Paulo de Tarso, perseguidor implacável dos cristãos, articulador do processo que culminou com a morte de Estevão, o primeiro mártir do Cristianismo, experimentou o despertar da consciência no inesquecível encontro com Jesus, às portas de Damasco, e se transformou no grande arauto da mensagem evangélica.

Simão Pedro teve seu momento decisivo ao ver cumprida a previsão de Jesus, que lhe afirmou que o negaria três vezes antes que o galo cantasse, na fatídica madrugada que antecedeu o drama do calvário. A partir desse momento dedicou sua existência à causa cristã, sem jamais experimentar novas vacilações. E no grande testemunho a que foi convocado em Roma, condenado à cruz, enfrentou com serenidade seus algozes, pedindo para ser crucificado de cabeça para baixo, porquanto não se sentia digno de morrer como seu mestre.

Em Maria de Magdala temos o exemplo do missionário confundido pelas ilusões do Mundo, sob o domínio de cruéis perseguidores espirituais, até que o Cristo lhe descortinasse as excelências do Evangelho. Renovada, converteu-se em ardorosa seguidora dos princípios novos, acumulando méritos suficientes para ser ela própria a mensageira da ressurreição, aquela que primeiro viu Jesus, em gloriosa aparição, após a crucificação.

* * *

Forçoso reconhecer, entretanto, que o arrependimento sincero, de quem se conscientiza dos próprios enganos e se dispõe a uma guinada existencial, modificando seus rumos, não é fácil. O homem comum se distrai de suas responsabilidades, sempre pronto a justificar seus desvios com intermináveis sofismas:

— Roubei, sim, e até matei, porque tinha fome – alega o criminoso esquecido das bênçãos do trabalho.

— Enriqueci, sim, mas com meu esforço, com o trabalho digno, sem prejudicar ninguém - proclama o industrial que explorou seus empregados e usou de especulações nos domínios de seus negócios.

— Bebo sim, mas para enfrentar os problemas da existência – explica o alcoólatra, sem atinar para o fato de que se transformou, ele próprio, num grande problema.

— Traí meu marido, sim, envolvi-me em aventuras extraconjugais, porque ele não me dava atenção - afirma a mulher displicente, a justificar sua irresponsabilidade.

Pessoas assim transitam pela vida de consciência anestesiada pela indiferença em relação aos valores morais, para somente despertarem no Plano Espiritual, quando se habilitam a longas e penosas jornadas de retificação.

* * *

Mostrando-nos por antecipação as realidades espirituais, a Doutrina Espírita representa o mais vigoroso apelo da Espiritualidade em favor da criatura humana, demonstrando ser imperioso que cogitemos dos valores mais nobres da existência, nos domínios da Verdade e do Bem.

No entanto, a mesma displicência moral que faz o delinquente, o explorador, o viciado, o adúltero, induz o espírita a justificar suas omissões:

— O Espiritismo ensina que é preciso praticar a caridade, ajudar o próximo, participar de serviços assistenciais, mas não tenho tempo. Há a família, a profissão, os compromissos financeiros...

— O Espiritismo adverte que devo conter meus impulsos inferiores, mas não consigo. Sou um fraco...

— O Espiritismo orienta que devo harmonizar-me com os familiares. Impossível. São muito difíceis...

Há quem informe:

— Não posso proclamar-me espírita, porquanto tenho muitas mazelas...

Companheiros assim esperam pela virtude para serem espíritas. Ignoram deliberadamente que o espírita não é, necessariamente, um virtuoso. Apenas alguém disposto a assumir compromisso com a virtude.

Acomodados na superficialidade de suas convicções e na rotina de pálida participação em atividades espíritas, verificam, um dia, quando a morte impõe o balanço de sua existência, que tiveram tudo para caminhar mais depressa, para superar suas imperfeições e, no entanto, fizeram do conhecimento veiculado pelo Espiritismo um mero acréscimo de responsabilidade.

No livro *Voltei*, psicografia de Francisco Cândido Xavier, o autor, Irmão Jacob, pseudônimo adotado por Frederico Figner, que durante muitos anos foi diretor da Federação Espírita Brasileira, adverte, dirigindo-se aos espíritas:

Oh! Meus amigos do Espiritismo, que amamos tanto!

É para vocês – membros da grande família que tanto desejei servir - que grafei estas páginas, sem a presunção de convencer! Não se acreditem quitados com a Lei, por haverem atendido a pequeninos deveres de solidariedade humana, nem se suponham habilitados ao paraíso, por receberem a manifesta proteção de um amigo espiritual! Ajudem a si mesmos, no desempenho de suas obrigações evangélicas! Espiritismo não é somente a graça recebida, é também a necessidade de nos espiritualizarmos para as esferas superiores.

Falo-lhes hoje com experiência mais dilatada.

Depois de muitos anos, nas lides da Doutrina Espírita, estou recompondo a aprendizagem, a fim de não ser o companheiro inadequado ou o servo inútil. Guardem a certeza de que o Evangelho de Nosso Senhor Jesus Cristo não é apenas um conjunto brilhante de ensinamentos sublimes para ser comentado em nossas doutrinações – é Código da Sabedoria Celestial, cujos dispositivos não podemos confundir.

* * *

O conhecimento espírita implica compromisso de vivermos segundo seus princípios. De outra forma, o arrependimento mais tarde será apenas o início de inevitáveis e penosas jornadas de retificação, em busca do tempo perdido.

O PURGATÓRIO TERRESTRE

Que se deve entender por purgatório?

Dores físicas e morais: o tempo da expiação. Quase sempre, na Terra é que fazeis o vosso purgatório e que Deus vos obriga a expiar as vossas faltas.

Questão n° 1013

O *purgatório*, segundo a tradição ortodoxa, seria uma região no Além onde estagiam as almas que, embora arrependidas e "na graça de Deus", por se submeterem a sacramentos religiosos, não são suficientemente puras para elevarem-se ao Céu.

Morrem abençoadas, mas não redimidas. É preciso sofrer, pagar os débitos, depurar-se. Purgatório significa purgação, purificação. Há medicamentos que são purgatórios, mais conhecidos como purgantes – limpam o organismo. O purgatório teológico seria o purgante da Alma.

* * *

Em torno dessa ideia central se criou toda uma mitologia, com crendices que vicejaram durante a Idade Média, servindo de instrumento para exploração da ingenuidade popular.

Tal foi a Doutrina das Indulgências que permitia às famílias abastadas promover a transferência de seus mortos do purgatório para o paraíso, mediante a doação de largas somas de dinheiro às organizações religiosas.

Se fossem adquiridas "relíquias" (supostamente parte do corpo de um santo – ossos, dentes, cabelos, unhas - ou qualquer objeto que tenha usado ou que tocou seu cadáver), compradas a peso de ouro, o efeito seria mais seguro.

As "relíquias" se prestavam a vergonhosas fraudes. Como poderiam os fiéis saber se eram autênticos pedaços da cruz onde fora sacrificado Jesus, os cabelos de Pedro, as sandálias de Paulo ou as pedras que imolaram Estevão?

A Doutrina das Indulgências constituiu o principal motivo que levou Lutero a insurgir-se contra seus superiores, iniciando a reforma protestante.

* * *

O purgatório, a respeito do qual não há nenhuma referência explícita na Bíblia, foi concebido para resolver um grave problema teológico: a salvação. Se em face das limitações e do atraso, raros estáo habilitados ao paraíso, vasta maioria iria lotar as dependências do inferno. Por que, entáo, não idealizar uma região intermediária, onde as Almas pudessem habilitar-se ao paraíso?

No folclore religioso existe até mesmo a ideia de que é interessante apelar às Almas do purgatório em nossas dificuldades, porquanto estas estariam sempre dispostas a nos ajudar, a fim de acumularem méritos suficientes para se livrarem de suas penas.

O purgatório é, também, uma saída para as "penas eternas", aberração teológica incompatível com a justiça e a misericórdia de Deus. Se o arrependimento no momento da morte livra o indivíduo do inferno, situando-o no purgatório, seria presumível que Deus fizesse o mesmo com os impenitentes, à espera de que reconsiderassem sua atitude no Plano Espiritual. O inferno, assim, como ouvi certa feita de um sacerdote, seria apenas uma possibilidade, jamais consumada, porquanto a experiência demonstra que, ante sofrimentos prolongados, mesmo os indivíduos mais rebeldes acabam modificando suas disposições.

* * *

Céu e Inferno, como demonstra a Doutrina Espírita, são estados de consciência, não locais geográficos. Assim, podemos conceber o purgatório marcado por sofrimentos físicos e morais que nos depuram, onde estivermos, habilitando-nos à redenção.

Se reunirmos vários Espíritos nessa condição, onde estiverem será um purgatório, mesmo que se trate da mais dadivosa região, da mais promissora e bela paisagem. É o que acontece na Terra, que poderia ser um paraíso, se não fosse habitada por Espíritos atrasados que fazem dela um vale de lágrimas.

Os sofrimentos que aqui enfrentamos, envolvendo crimes, crises sociais, desentendimentos, guerras, vícios, violência, e muito mais, originam-se, essencialmente, de nosso comportamento.

Os próprios problemas naturais, como terremotos, inundações, tempestades, maremotos, tufões e secas, decorrem, em sua maioria, das agressões cometidas pela sociedade humana contra a Natureza, devastando-a para atendimento de seus mesquinhos interesses.

Toda mobilização, por parte de grupos religiosos, ecológicos, filantrópicos, políticos, culturais, que vise melhorar as condições de vida na Terra, devem contar com nossa aprovação e, mais que isso, com nossa participação. É assim que iremos nos conscientizando de nossas responsabilidades em relação ao planeta terrestre, para que um dia deixe de ser um purgatório e se transforme num paraíso.

Imperioso considerar, entretanto, que a renovação do Mundo começa com nossa própria renovação. O Reino de Deus, prometido por Jesus, começa em nosso universo interior. Melhorando-nos, melhoraremos a vida, onde estivermos.

Nesse particular, o caminho mais rápido, mais seguro, a ponte indispensável entre o purgatório e o Céu, é o próximo. À medida que estivermos dispostos a respeitar, ajudar, compreender e amparar aqueles que nos rodeiam, seja o familiar, o colega de serviço, o amigo, o indigente, o doente, estaremos habilitando-nos à felicidade, contribuindo para que ela se estenda sobre o Mundo.

Buscando atender nossos anseios podemos crescer intelectualmente, economicamente, materialmente, mas nada disso nos realizará se não crescermos espiritualmente, a partir da compreensão de que pertencemos à Humanidade e que em favor dela devam orientar-se nossas iniciativas.

A propósito vale lembrar a história daquele homem que, aprisionado no fundo de um abismo, implorava a Deus que o salvasse.

O Todo-Poderoso estendeu-lhe uma corda.

Exultante, iniciava a subida quando percebeu que companheiros de infortúnio também se agarravam à dádiva celeste.

Irritado, pôs-se a dar-lhes pontapés, sob a alegação de que o peso era demais. E os derrubou a todos.

Então, aconteceu o inesperado:

A corda, que até então sustentara vários homens, rompeu-se quando restou apenas o egoísta beneficiário da concessão divina.

Assim ocorre em nossas iniciativas salvacionistas.

Orientações religiosas, ideias nobres, impulsos renovadores, que formam abençoados cordões estendidos pelo Céu, em favor de nossa elevação, jamais terão a consistência necessária se pretendermos subir isolados, sem nos dispormos a auxiliar os companheiros que conosco estagiam no purgatório terrestre.

JUÍZOS

*Poderá jamais implantar-se na Terra
o reinado do bem?*

*(...) Predita foi a transformação da Humanidade e
vos avizinhais do momento em que se dará, momento cuja
chegada apressam todos os homens que auxiliam o progresso.
Essa transformação se verificará por meio da encarnação de
Espíritos melhores, que constituirão na Terra uma geração
nova. Então, os Espíritos dos maus que a morte vai ceifando
dia a dia, e todos os que tentem deter a marcha das coisas,
serão daí excluídos, pois que viriam a estar deslocados entre
os homens de bem, cuja felicidade perturbariam...*

Questão nº 1019

A tradição religiosa, em várias culturas, enfatiza um "juízo final", com a premiação dos bons e o castigo dos maus, em bem-aventuranças ou sofrimentos eternos.

A escatologia das religiões cristãs anuncia a ressurreição dos mortos e o retorno de Jesus para separar o "joio" do "trigo", os "bodes" das "ovelhas", os bons dos maus, transformada a Terra em paraíso habitado pelos "eleitos".

Parece filme de horror imaginar corpos decompostos reorganizando-se, reestruturando células e órgãos, com o aproveitamento de átomos que se dispersaram e que, no desdobrar do tempo, formaram incontáveis organismos nos reinos vegetal e animal.

Ainda que isso ocorresse, por mágica divina, haveria uma multidão tão grande de ressurretos (o Homem surgiu há pelo menos um milhão de anos), que, literalmente, ocuparia todos os espaços, tornando impossível a vida na Terra.

* * *

Essas fantasias, extremamente ingênuas à luz do conhecimento atual, nasceram de interpretações equivocadas, por má fé ou descuido, de textos evangélicos.

Onde Jesus informa a Nicodemos (João capítulo 3), que é preciso nascer de novo, explicando o processo ao doutor da Lei, confunde-se a reencarnação, o retorno à vida física, com a absurda reanimação de um cadáver desintegrado.

E quando o apóstolo Paulo discorre a respeito do perispírito, explicando que há corpos celestes e corpos terrestres, como já comentamos, chega-se à espantosa conclusão de que o cadáver não apenas se recompõe e revive, mas, também, torna-se puro, imaculado, eterno...

* * *

O "juízo final" é incompatível com a Justiça, porquanto nenhum crime, por mais tenebroso, nenhum comportamento, por mais vicioso, nenhuma existência, por mais comprometida com o mal, justifica uma destinação definitiva, um sofrimento sem fim.

Quem assim concebe nunca se deteve em imaginar o que é a eternidade. Suponhamos a duração da existência humana como um grão de areia que se derrama na ampulheta do tempo. Bilhões, trilhões de anos, talvez, ou mais, passariam até que os grãos de areia do deserto do Saara fossem derramados. E eles todos constituiriam insignificante montículo no interminável areal da vida eterna.

Um princípio elementar de justiça determina que a sentença não pode transcender a natureza do crime. Seria odioso condenar à prisão perpétua o homem que rouba um pão. Não há crime que justifique um castigo eterno.

Todo julgamento, portanto, deve ser relativo, e temporal a pena, considerado o estágio em que se encontra o indivíduo, com sentenças compatíveis com suas necessidades evolutivas.

A própria morte é um "juízo", porquanto colhemos no Além as consequências de nossos acertos e desacertos, como periódica avaliação de aprendizado, no suceder das experiências reencarnatórias.

Se bem observarmos verificaremos que diariamente somos julgados por um juiz incorruptível – a própria consciência. A infelicidade, a depressão, a ansiedade, o desajuste, são quase sempre "penalidades" que cumprimos compulsoriamente, até que nos decidamos a modificar nossos rumos, nossa maneira de agir, propondo-nos a cumprir as leis divinas.

* * *

Assim como ocorre individualmente, há "juízos" coletivos parciais, nas muitas moradas da "Casa do Pai", segundo a expressão de Jesus.

Governos espirituais avaliam o progresso dessas coletividades com vistas à sua promoção na sociedade dos mundos, providenciando-se o afastamento de Espíritos rebeldes que possam comprometer as conquistas alcançadas.

Nesse aspecto podemos concordar com as tradições religiosas milenares que falam de um "juízo" para a Humanidade, precedendo a edificação de uma sociedade melhor no Terceiro Milênio.

Esse "juízo" não será necessariamente marcado por hecatombes naturais ou devastador conflito nuclear. A hipótese de uma guerra atômica, decantada pelas cassandras do terror, torna-se cada vez mais remota, à medida que os governos que detêm a tecnologia para tanto se conscientizem de que não haveria nem vencedores nem vencidos, nem mesmo sobreviventes.

Simplesmente, os Espíritos recalcitrantes no vício e no crime deixarão de reencarnar na Terra e serão degredados em planetas inferiores, onde as duras limitações e os sofrimentos a que estarão sujeitos os ajudarão a vencer a resistência à renovação.

* * *

Na atualidade terrestre há considerável progresso em todos os setores da atividade social.

São inconcebíveis, hoje, os espetáculos de gladiadores lutando até a morte.

A escravidão foi erradicada.

Os preconceitos raciais são combatidos.

A tirania é contestada.

A guerra é encarada pelos governos como triste espetáculo de barbárie e subdesenvolvimento.

Os povos começam a entender a necessidade de coexistência pacífica.

Multidões trabalham diligentemente, cumprindo seus deveres e respeitando as leis.

Não obstante, há Espíritos endurecidos que, quais membros desafinados de uma orquestra, perturbam o concerto da paz:

O sequestrador que pretende comercializar a vida de suas vítimas.

O traficante de drogas que constrói sua prosperidade sobre as ruínas de existências destroçadas.

O assaltante que não vacila em "apagar" os que se atrevem a esboçar a mais leve reação às suas exigências.

O explorador de jovens, que lhes impõe o lamentável comércio do sexo.

O profissional que assassina friamente seres indefesos no ventre materno, no tenebroso delito do aborto.

O terrorista que mata indiscriminadamente, com o propósito de conseguir seus objetivos em bases de intimidação da sociedade.

O déspota que se equilibra no poder, eliminando sistematicamente os que lhe fazem oposição.

Todos aqueles que não vacilam em praticar o mal, com o propósito de atender suas ambições, conscientes dos prejuízos que causam, sem nenhum constrangimento, sem nenhum respeito pela vida humana, serão banidos da Terra.

Retirados dos socavões da espiritualidade, esses Espíritos esgotam as últimas oportunidades de renovação, a fim de se livrarem das grandes dores em mundos primitivos, onde serão confinados se insistirem em sua rebeldia. Ali, lembrando a advertência de Jesus, haverá "choro e ranger de dentes". Daí o recrudescimento da violência na sociedade terrestre, porque a violência é o clima dessas mentes conturbadas que se deixaram envolver pela rebeldia e o desatino.

Não se pode afirmar que tudo ocorra drasticamente, na virada do século, mesmo porque a Sabedoria Divina nunca age apressadamente, mas é provável que o expurgo tenha começado, devendo estender-se ao longo dos primeiros séculos do Terceiro Milênio.

* * *

Para os companheiros espíritas, uma observação importante: no ajuizamento de nossas vidas, será levado em consideração não apenas o mal que tenhamos praticado, mas também o bem que deixamos de praticar, porquanto o conhecimento que a Doutrina nos oferece é uma convocação clara, objetiva, irrecusável para que participemos do impulso inicial que operará a grande transição terrestre:

Deixar o egoísmo como motivação existencial, que faz da Terra um planeta de expiação e provas; buscar a fraternidade, que nos promoverá a mundo de regeneração, onde consciências despertas em relação aos compromissos da Vida elegerão o empenho de servir como supremo recurso de reabilitação.

"Acaso serei tutor de meu irmão?" – repetem com Caim (Gênesis 4,9), multidões que fazem do próprio bem-estar a prioridade fundamental, sem se importarem com os prejuízos causados aos semelhantes com suas ações ou omissões.

A Doutrina Espírita desfaz esse engano demonstrando que, compondo a imensa família humana, estamos interligados de tal forma, na trama da evolução, que não haverá felicidade perfeita no Mundo enquanto houver gente sofrendo privações e angústias.

A miséria moral e física que aflige milhões repercute em nosso psiquismo, sustentando ansiedades e desajustes intermináveis.

A mobilização dos recursos que detemos, de ordem material, social, cultural, espiritual, em favor dos companheiros de jornada terrestre, onde quer que estejamos, é algo tão fundamental em favor de nossa estabilidade espiritual quanto o alimento que ingerimos é indispensável à sustentação física.

Por isso, o apóstolo João, em sua primeira epístola (3,17), enfatiza:

Ora, se alguém possuir bens deste mundo e, vendo o seu irmão em necessidade, fechar-lhe o coração, como poderá permanecer nele o amor de Deus?

Bibliografia do Autor

01 – PARA VIVER A GRANDE MENSAGEM 1969
Crônicas e histórias. Ênfase para o tema Mediunidade.
Editora: FEB

02 – TEMAS DE HOJE, PROBLEMAS DE SEMPRE 1973
Assuntos de atualidade.
Editora: Correio Fraterno do ABC

03 – A VOZ DO MONTE 1980
Comentários sobre "O Sermão da Montanha".
Editora: FEB

04 – ATRAVESSANDO A RUA 1985
Histórias.
Editora: IDE

05 – EM BUSCA DO HOMEM NOVO 1986
Parceria com Sérgio Lourenço e Therezinha Oliveira.
Comentários evangélicos e temas de atualidade.
Editora: EME

06 – ENDEREÇO CERTO 1987
Histórias.
Editora: IDE

07 – QUEM TEM MEDO DA MORTE? 1987
Noções sobre a morte e a vida espiritual.
Editora: CEAC

08 – A CONSTITUIÇÃO DIVINA 1988

Comentários em torno de "As Leis Morais",
3ª parte de O Livro dos Espíritos.
Editora: CEAC

09 – UMA RAZÃO PARA VIVER 1989

Iniciação espírita.
Editora: CEAC

10 – UM JEITO DE SER FELIZ 1990

Comentários em torno de "Esperanças e Consolações",
4ª parte de O Livro dos Espíritos.
Editora: CEAC

11 – ENCONTROS E DESENCONTROS 1991

Histórias.
Editora: CEAC

12 – QUEM TEM MEDO DOS ESPÍRITOS? 1992

Comentários em torno de "Do Mundo Espírita e
dos Espíritos", 2ª parte de O Livro dos Espíritos.
Editora: CEAC

13 – A FORÇA DAS IDEIAS 1993

Pinga-fogo literário sobre temas de atualidade.
Editora: O Clarim

14 – QUEM TEM MEDO DA OBSESSÃO? 1993

Estudo sobre influências espirituais.
Editora: CEAC

15 – VIVER EM PLENITUDE 1994

*Comentários em torno de "Do Mundo Espírita e
dos Espíritos", 2ª parte de* O Livro dos Espíritos.
Sequência de Quem Tem Medo dos Espíritos?
Editora: CEAC

16 – VENCENDO A MORTE E A OBSESSÃO 1994

Composto a partir dos textos de Quem Tem Medo
da Morte? *e* Quem Tem Medo da Obsessão?
Editora: Pensamento

17 – TEMPO DE DESPERTAR 1995

Dissertações e histórias sobre temas de atualidade.
Editora: FEESP

18 – NÃO PISE NA BOLA 1995

Bate-papo com jovens.
Editora: O Clarim

19 – A PRESENÇA DE DEUS 1995

*Comentários em torno de "Das Causas Primárias",
1ª parte de* O Livro dos Espíritos.
Editora: CEAC

20 – FUGINDO DA PRISÃO 1996

Roteiro para a liberdade interior.
Editora: CEAC

21 – O VASO DE PORCELANA 1996

*Romance sobre problemas existenciais, envolvendo
família, namoro, casamento, obsessão, paixões...*
Editora: CEAC

22 – O CÉU AO NOSSO ALCANCE 1997
Histórias sobre "O Sermão da Montanha".
Editora: CEAC

23 – PAZ NA TERRA 1997
Vida de Jesus – nascimento ao início do apostolado.
Editora: CEAC

24 – ESPIRITISMO, UMA NOVA ERA 1998
Iniciação Espírita.
Editora: FEB

25 – O DESTINO EM SUAS MÃOS 1998
Histórias e dissertações sobre temas de atualidade.
Editora: CEAC

26 – LEVANTA-TE! 1999
Vida de Jesus – primeiro ano de apostolado.
Editora: CEAC

27 – LUZES NO CAMINHO 1999
Histórias da História, à luz do Espiritismo.
Editora: CEAC

28 – TUA FÉ TE SALVOU! 2000
Vida de Jesus – segundo ano de apostolado.
Editora: CEAC

29 – REENCARNAÇÃO, TUDO O QUE VOCÊ PRECISA SABER 2000
Perguntas e respostas sobre a reencarnação.
Editora: CEAC

30 – NÃO PEQUES MAIS! 2001
Vida de Jesus – terceiro ano de apostolado.
Editora: CEAC

31 – PARA RIR E REFLETIR 2001
Histórias bem-humoradas, analisadas à luz da
Doutrina Espírita.
Editora: CEAC

32 – SETENTA VEZES SETE 2002
Vida de Jesus – últimos tempos de apostolado.
Editora: CEAC

33 – MEDIUNIDADE, TUDO O QUE VOCÊ PRECISA SABER 2002
Perguntas e respostas sobre mediunidade.
Editora: CEAC

34 – ANTES QUE O GALO CANTE 2003
Vida de Jesus – o Drama do Calvário.
Editora: CEAC

35 – ABAIXO A DEPRESSÃO! 2003
Profilaxia dos estados depressivos.
Editora: CEAC

36 – HISTÓRIAS QUE TRAZEM FELICIDADE 2004
Parábolas evangélicas, à luz do Espiritismo.
Editora: CEAC

37 – ESPIRITISMO, TUDO O QUE VOCÊ PRECISA SABER   2004
Perguntas e respostas sobre a Doutrina Espírita.
Editora: CEAC

38 – MAIS HISTÓRIAS QUE TRAZEM FELICIDADE   2005
Parábolas evangélicas, à luz do Espiritismo.
Editora: CEAC

39 – RINDO E REFLETINDO COM CHICO XAVIER   2005
*Reflexões em torno de frases e episódios bem-humorados
do grande médium.*
Editora: CEAC

40 – SUICÍDIO, TUDO O QUE VOCÊ PRECISA SABER   2006
*Noções da Doutrina Espírita sobre a problemática
do suicídio.*
Editora: CEAC

41 – RINDO E REFLETINDO COM CHICO XAVIER II   2006
*Reflexões em torno de frases e episódios bem-humorados
do grande médium.*
Editora: CEAC

42 – TRINTA SEGUNDOS   2007
Temas de atualidade em breves diálogos.
Editora: CEAC

43 – RINDO E REFLETINDO COM A HISTÓRIA   2007
*Reflexões em torno da personalidade de figuras
ilustres e acontecimentos importantes da História.*
Editora: CEAC

44 – O CLAMOR DAS ALMAS 2007

Histórias e dissertações doutrinárias.
Editora: CEAC

45 – MUDANÇA DE RUMO 2008

Romance.
Editora: CEAC

46 – DÚVIDAS E IMPERTINÊNCIAS 2008

Perguntas e respostas.
Editora: CEAC

47 – BEM-AVENTURADOS OS AFLITOS 2009

Comentários sobre o capítulo V de O Evangelho
segundo o Espiritismo.
Editora: CEAC

48 – POR UMA VIDA MELHOR 2009

Regras de bem viver e orientação aos Centros Espíritas.
Editora: CEAC

49 – AMOR, SEMPRE AMOR! 2010

Variações sobre o amor, a partir de O Evangelho
segundo o Espiritismo.
Editora: CEAC

50 – O PLANO B 2010

Romance.
Editora: CEAC

51 – BOAS IDEIAS   2011
Antologia de 50 obras do autor.
Editora: CEAC

52 – A SAÚDE DA ALMA   2011
Histórias e reflexões em favor do bem-estar.
Editora: CEAC

53 – O RESGATE DE UMA ALMA   2012
Romance.
Editora: CEAC

54 – O GRANDE DESAFIO   2012
Histórias e reflexões.
Editora: CEAC

55 – DEPRESSÃO - Uma história de superação   2013
Romance.
Editora: CEAC

56 – O HOMEM DE BEM   2013
Reflexões sobre o enfoque de Allan Kardec, em
O Evangelho segundo o Espiritismo.
Editora: CEAC

57 – PARA GANHAR A VIDA   2014
Histórias e dissertações doutrinárias.
Editora: CEAC

58 – CONTRA OS PRÍNCIPES E AS POTESTADES   2014
Romance enfocando reuniões mediúnicas.
Editora: CEAC

59 – PARA LER E REFLETIR   2015
Temas de atualidade.
Editora: CEAC

60 – AMOR DE PROVAÇÃO   2015
Romance enfocando um drama de amor.
Editora: CEAC

61 – MORTE, O QUE NOS ESPERA   2016
Dissertações em torno da 2ª. parte do livro
O Céu e o Inferno, *de Allan Kardec.*
Editora: CEAC

62 – UMA RECEITA DE VIDA   2016
Roteiro para uma existência feliz.
Editora: CEAC

63 – O QUE FAZEMOS NESTE MUNDO?   2017
Reflexões sobre a existência humana.
Editora: CEAC

64 – A BENÇÃO DA GRATIDÃO   2018
Reflexões sobre a existência humana.
Editora: FEB

65 – O MELHOR É VIVER! 2018

Romance enfocando causas e consequências do suicídio.

Editora: CEAC

66 – O PENSAMENTO 2022

Organizado por Álvaro Pinto de Arruda
Um extrato do Pensamento Doutrinário Espírita
de Richard Simonetti.

Editora: CEAC

O PENSAMENTO

Richard Simonetti
Organizado por Álvaro Pinto de Arruda

Esta obra está organizada em dois volumes: o primeiro, da letra A até a H; o segundo completará o alfabeto.

Aí está o resultado: um extrato do Pensamento Doutrinário Espírita de Richard Simonetti nas palavras do autor.

O CÉU AO NOSSO ALCANCE

Richard Simonetti

O Sermão da Montanha, o mais famoso discurso de Jesus, a suprema obra de orientação moral da Humanidade, encontra nestas páginas uma abordagem totalmente nova e envolvente.

Em diálogos bem-humorados e atraentes, que sintetizam situações do dia a dia, o autor destaca a distância entre nossas ações e as recomendações de Jesus, contradição que gera a maior parte dos problemas que nos afligem.

O MELHOR É VIVER!

Richard Simonetti

Sob orientação espiritual, um grupo mediúnico desenvolve ações socorristas em favor de pessoas que cogitam desertar da existência.

Dramas pungentes, experiências edificantes, ações salvadoras e testemunhos comoventes sucedem-se nesse surpreendente painel a enfatizar: Jamais cogitar de indesejável fuga! Jamais desistir de viver!

Impressão e Acabamento | Gráfica Viena
Todo papel desta obra possui certificação FSC® do fabricante.
Produzido conforme melhores práticas de gestão ambiental (ISO 14001)
www.graficaviena.com.br